使いやすい！教えやすい！家庭学習に最適の問題集！

広島県版 私立小学校

安田学園安田小学校・なぎさ公園小学校

2020・2021 年度過去問題を掲載　　2020・2021 年度過去問題を掲載

2022 年度版

過去問題集

<問題集の効果的な使い方>

①お子さまの学習を始める前に、まずは保護者の方が「入試問題」の傾向や難しさを確認・把握します。その際、すべての「学習のポイント」にも目を通しましょう。

②入試に必要なさまざまな分野学習を先に行い、基礎学力を養ってください。

③学力の定着が窺えたら「過去問題」にチャレンジ！

④お子さまの得意・苦手がわかったら、さらに分野学習を進め、レベルアップを図りましょう！

必ずおさえたい問題集

安田学園安田小学校

お話の記憶	お話の記憶問題集 中級編・上級編
推理	Ｊｒ・ウォッチャー 32「ブラックボックス」
図形	Ｊｒ・ウォッチャー 46「回転図形」
推理	Ｊｒ・ウォッチャー 10「四方からの観察」
図形	Ｊｒ・ウォッチャー 8「対称」

なぎさ公園小学校

推理	Ｊｒ・ウォッチャー 33「シーソー」
推理	Ｊｒ・ウォッチャー 6「系列」
口頭試問	新 口頭試問・個別テスト問題集
行動観察	Ｊｒ・ウォッチャー 29「行動観察」
巧緻性	実践 ゆびさきトレーニング①・②・③

●資料提供●

東京学習社

ISBN978-4-7761-5395-5

C6037 ¥2500E

定価 2,750 円
(本体 2,500 円 + 税 10%)

日本学習図書 ニチガク

目指せ！合格！

家庭学習ガイド
安田学園安田小学校

ペーパー　口頭試問　巧緻性　保護者面接

入試情報

出題形態：ペーパー、ノンペーパー
面　　接：保護者面接
出題領域：ペーパー（お話の記憶、図形、言語、常識、推理）、口頭試問、巧緻性

受験にあたって

2021年度の入学試験ではペーパー、口頭試問、巧緻性が行われました。ペーパーテストでは、「お話の記憶」「図形」「言語」「常識」「推理」から出題され、出題分野は基本的に同じですが、問題は男女で異なっています。出題内容は基本的な問題もありますが、独特な出題形式の問題が多いので、過去問などを利用してしっかりと傾向をつかみ、慣れておくようにしてください。また、問題数が多いので、スピードと集中力が求められます。できるだけ数多くの類題に取り組み、幅広い学習を心がけましょう。当校は、例題として各問の冒頭に解き方の説明があります。これを聞いていないと歯が立たない問題もあるので、注意して聞くようにしてください。

例年行動観察が行われてきましたが、本年度の入試では巧緻性に変更されました。2022年度入試もコロナの状況によって、実施される課題が違ってくると思われるので、どんな課題にも対応できる準備が必要になってきます。

また、当校に入学した際には、２つある付属幼稚園からの内部進学者とともに学校生活を過ごすことになります。当校に入学をお考えの方は、このことをよく理解し、教育目標や指導方針を検討した上で、入試対策を立てることをおすすめいたします。

目指せ！合格！

家庭学習ガイド
なぎさ公園小学校

ペーパー　口頭試問　行動観察　親子面接

入試情報

出 題 形 態：ペーパー、ノンペーパー
面　　　接：保護者・志願者面接
出 題 領 域：ペーパー（推理、図形）、口頭試問、行動観察

受験にあたって

当校の入学試験は、2016年度入試よりＡＯ入試のみで実施されています。当校のＡＯ入試は、合格時に必ず入学することを確約する試験制度です。このことから、当校を第１志望とするご家庭を強く望む学校の方針が読み取れます。志願者の意欲や保護者の学校に対しての理解がポイントになるでしょう。保護者アンケートにも、「小学校受験を考えたきっかけは何ですか」「イベントや説明会で特に印象に残っていることがあればお答えください」という質問がありました。

2021年度の入学試験は、ペーパー、口頭試問、行動観察、面接が行われました。口頭試問は短いお話について答えるものです。学力の有無を観るというよりは、質問の受け答えができるかどうか、これからの成長が期待できるかという観点が中心となっているので、特別な対策は必要ないでしょう。ペーパーテストでは、観察力が問われます。ものをよく見て、違いを見出す力を重視しましょう。行動観察では、渡された道具を指示通りに使い、片付けまで自分で行うという課題が行われました。生活の中で求められる巧緻性全般が求められます。ふだんの生活の中で、きちんとした生活習慣や年齢相応の常識を身に付けることが大切です。

広島県版
私立小学校

過去問題集

〈はじめに〉

現在、少子化が叫ばれているにもかかわらず、私立小学校の入学試験には一定の応募者があります。入試は、ただやみくもに学習するだけでは成果を得ることはできません。志望校の過去における出題傾向を研究・把握した上で、練習を進めていくこと、その上で試験までに志願者の不得意分野を克服していくことが必須条件です。そこで、本問題集は小学校を受験される方々に、志望校の出題傾向をより詳しく知っていただくために、過去に遡り出題頻度の高い問題を結集いたしました。最新のデータを含む精選された過去問題集で実力をお付けください。

〈本書ご使用方法〉

◆出題者は出題前に一度問題を通読し、出題内容などを把握した上で、〈 準 備 〉の欄に表記してあるものを用意してから始めてください。
◆お子さまに絵の頁を渡し、出題者が問題文を読む形式で出題してください。問題を読んだ後で、絵の頁を渡す問題もありますのでご注意ください。
◆「分野」は、問題の分野を表しています。弊社の問題集の分野に対応していますので、復習の際の目安にお役立てください。
◆一部の描画や工作、常識等の問題については、解答が省略されているものがあります。お子さまの答えが成り立つか、出題者が各自でご判断ください。
◆〈 時 間 〉につきましては、目安とお考えください。
◆解答右端の［〇年度］は、問題の出題年度です。［2021年度］は、「2020年度の秋から冬にかけて行われた2021年度入学志望者向けの考査で出題された問題」という意味です。
◆学習のポイントは、指導の際にご参考にしてください。
◆【おすすめ問題集】は各問題の基礎力養成や実力アップにご使用ください。

〈本書ご使用にあたっての注意点〉

◆文中に **この問題の絵は縦に使用してください。** と記載してある問題の絵は縦にしてお使いください。
◆〈 準 備 〉の欄で、クレヨンと表記してある場合は12色程度のものを、画用紙と表記してある場合は白い画用紙をご用意ください。
◆文中に **この問題の絵はありません。** と記載してある問題には絵の頁がありませんので、ご注意ください。なお、問題の絵の右上にある番号が連番でなくても、中央下の頁番号が連番の場合は落丁ではありません。
下記一覧表の●が付いている問題は絵がありません。

問題1	問題2	問題3	問題4	問題5	問題6	問題7	問題8	問題9	問題10
問題11	問題12	問題13	問題14	問題15	問題16	問題17	問題18	問題19	問題20
●									
問題21	問題22	問題23	問題24	問題25	問題26	問題27	問題28	問題29	問題30
●	●				●		●		●
問題31	問題32	問題33	問題34	問題35	問題36	問題37	問題38	問題39	
●				●				●	

◎学習効果を上げるため、前掲の「家庭学習ガイド」をお読みになり、各校が実施する入試の出題傾向を、よく把握した上で問題に取り組んでください。
※冒頭の「本書ご使用方法」「本書ご使用にあたっての注意点」も併せてご覧ください。

〈安田学園安田小学校〉

2021年度の最新問題

問題1　分野：言語（しりとり）／女子

〈準備〉　サインペン（青）

〈問題〉　どこから始めてもつながるように矢印の方向にしりとりをします。その時、空いている四角に入らないものはどれでしょうか。選んで○をつけてください。

〈時間〉　①②各15秒　③～⑥各20秒　⑦⑧各40秒

問題2　分野：推理（ブラックボックス）／女子

〈準備〉　サインペン（青）

〈問題〉　**この問題の絵は縦に使用してください。**
魔女が魔法の杖を使うと数が増えたり減ったりします。ただし、真っ黒のものは魔法の杖の効果がありません。ほかの色は１個は２個に、２個は３個に、３個は１個になります。１番左の四角の中の形に魔法の杖を使うとどうなるでしょうか。選んで○をつけてください。

〈時間〉　①～④各20秒　⑤～⑧各30秒

問題3　分野：お話の記憶／女子

〈準備〉　サインペン（青）

〈問題〉　お話をよく聞いて、後の質問に答えてください。

外はザーザー降りの雨です。マユミちゃんが本を読んでいると、お母さんがお買いものに行くと言ったので、久しぶりにいっしょにお買いものに行くことになりました。マユミちゃんは、お気に入りの水玉のワンピースをお母さんに出してもらい、チェックのリボンで髪を結んでもらいました。
弟のヒロくんは、もうベビーカーに乗っています。お母さんとマユミちゃんとヒロくんが家を出る時は、雨は止んで曇り空になっていました。
隣の家のおばさんがイヌのペロといっしょにお庭の掃除をしていました。ペロはうれしそうにしっぽを振っています。おばさんが「買いものに行くの？」と言うと、ペロは遊んでもらえないことがわかって、しっぽを下げてしまいました。「お買いものから帰ったらいっしょに遊ぼうね」とマユミちゃんはペロに言いました。
スーパーに着きました。そのスーパーは人気なのでいつも混んでいて、行列ができています。マユミちゃんは、スーパーでいいものを見つけました。それはホットケーキの粉です。マユミちゃんは、お母さんに言いました。「今日はホットケーキを作りたい」「あら、いつもは食べるだけなのに。じゃあ、いっしょに作りましょう」とお母さんが言うと、マユミちゃんは大喜びしました。
マユミちゃんは、ホットケーキに何をのせようかしらと悩みました。その時、ベビーカーに乗っていたヒロくんが、イチゴに手をのばしました。「イチゴが食べたいのね」と言って、買いものかごに入れました。マユミちゃんは、イチゴの横にあるバナナをかごに入れました。
お家に帰ると、マユミちゃんはお母さんといっしょにホットケーキを作り始めました。まずは牛乳と卵を混ぜ、ホットケーキの粉を入れます。お母さんといっしょにフライパンで焼きました。イチゴは、お母さんではなく、マユミちゃんがのせました。ホットケーキは、ヒロくん、マユミちゃん、お母さん、それから仕事に行っているお父さんの分を焼きました。「明日は、バナナのホットケーキを作りましょう」とお母さんが言いました。

（問題３の絵を渡す）
①マユミちゃんの着ていた服はどれでしょうか。選んで○をつけてください。
②買いものに出かけた時の天気はどれでしょうか。選んで○をつけてください。
③マユミちゃんといっしょに買いものに行ったのは誰でしょうか。選んで○をつけてください。
④隣の家のおばさんは何をしていたでしょうか。選んで○をつけてください。
⑤スーパーで買ったものは何でしょうか。選んで○をつけてください。
⑥ホットケーキを全部で何枚焼いたでしょうか。選んで○をつけてください。
⑦ホットケーキを作る時に使った道具はどれでしょうか。選んで○をつけてください。
⑧お母さんが明日作ると言ったものはどれでしょうか。選んで○をつけてください。

〈時間〉　各10秒

問題4　分野：図形（回転図形・四方からの観察）／女子

〈準備〉　サインペン（青）

〈問題〉　１番左の形を矢印の方向に倒すとどう見えるでしょうか。選んで○をつけてください。

〈時間〉　各20秒

問題5　分野：推理（迷路）・常識（理科、日常生活）／男子

〈準備〉　サインペン（青）

〈問題〉　上の矢印からスタートして、問題のお約束にしたがって○をつけながら進んでください。ゴールしたらその下の矢印にも○をつけてください。進めるのは上、下、右、左だけです。斜めには進めません。
①台所にあるものを通って進んでください。
②食べられるところが土の中にできるものを通って進んでください。
③空を飛ぶものを通って進んでください。
④叩く楽器を通って進んでください。

〈時間〉　各30秒

家庭学習のコツ　**「家庭学習ガイド」はママの味方！**

問題演習を始める前に、試験の概要をまとめた「家庭学習ガイド（本書カラーページに掲載）」を読みましょう。「家庭学習ガイド」には、入試情報のほか、学習を進める上で重要な情報が掲載されています。それらの情報で入試の傾向をつかみ、学習の方針を立ててから、対策学習を始めてください。

問題6　分野：お話の記憶／男子

〈準備〉　サインペン（青）

〈問題〉　お話をよく聞いて、後の質問に答えてください。

イヌのチョロ、お兄ちゃん、お姉ちゃん、お父さん、お母さん、タカシくんの家族みんなで、お昼ごはんにお好み焼きを食べていると、お父さんが「タカシももう５歳だし、そろそろお手伝いをしてみるかい」と言いました。タカシくんは、お兄ちゃんとお姉ちゃんに何のお手伝いをしたらよいか聞くと、お兄ちゃんからは「新聞を取ってきて」と頼まれ、お姉ちゃんからは「庭の花に水やりをしてね」と頼まれました。タカシくんは「わかった！　ぼくに任せてといて！」と元気よく答えました。タカシくんは、お兄ちゃんとお姉ちゃんは何のお手伝いをするのか聞くと、お兄ちゃんは「洗濯物たたみとチョロの散歩をするんだ」と言い、お姉ちゃんは「お風呂掃除をして、テーブル拭きもするの」と言いました。
次の日、朝起きて、お姉ちゃんから頼まれた水やりをしていたら、イヌのチョロがタカシくんに飛びついてきて、散歩に行きたそうにしていました。お兄ちゃんは学校に行っているので、代わりにタカシくんが、チョロを散歩に連れていくことにしました。チョロの首にひもをつけて、さあ出発です。
郵便ポストの角を目指して散歩をしていると、途中で迷子になってしまいました。不安な気持ちで歩いていると、公園のすべり台の近くでまだら模様のイヌを連れた女の子を見かけました。すると急に雨が降ってきたので、近くの花屋さんの屋根の下で雨宿りをしました。しばらくすると、雨は止み、虹が出てきました。タカシくんはどうやって家に帰ろうか考えていると、チョロが突然走っていってしましました。タカシくんは追いかけました。チョロはケーキ屋さんの角を曲がって、桜の木の下まで走っていきました。桜の木の下では、お母さんとお兄ちゃんが手を振って待っていました。タカシくんはお母さんの姿を見ると、うれしくなって抱きつきました。お兄ちゃんは、帰りが遅いタカシくんとチョロを心配していたので、少し怒っていました。お母さんが「何で帰り道がわかったのかしら」と聞いてきたので、タカシくんが答えようとすると、お兄ちゃんが「わかった。チョロは、タカシの１歳年上だから道を教えてあげたんだね」と言い、みんなで仲良く家に帰りました。

（問題６の絵を渡す）
①家族みんなでお昼ごはんに食べたものは何でしょうか。選んで○をつけてください。
②お兄ちゃんがするお手伝いは何でしょうか。選んで○をつけてください。
③お姉ちゃんが頼んだお手伝いは何でしょうか。選んで○をつけてください。
④タカシくんが雨宿りしたのはどこでしょうか。選んで○をつけてください。
⑤チョロはどこの角を曲がって桜の木の下に行ったでしょうか。選んで○をつけてください。
⑥お話が正しい順番で並んでいるのはどれでしょうか。選んで○をつけてください。
⑦タカシくんに出会った時のお兄ちゃんの顔はどれでしょうか。選んで○をつけてください。
⑧チョロは何歳でしょうか。その数の分だけ四角の中に○を書いてください。

〈時間〉　各10秒

問題7　分野：推理（四方からの観察）／男子

〈準備〉　サインペン（青）

〈問題〉　１番左の形を矢印の方向から見るとどのように見えるでしょうか。選んで○をつけてください。

〈時間〉　各20秒

問題8　分野：図形（対称図形）／男子

〈準備〉　サインペン（青）

〈問題〉　１番左の形は透明な紙に書かれています。その紙を右にパタンと倒しながら裏返すとどんな形になるでしょうか。選んで○をつけてください。

〈時間〉　各30秒

問題9　分野：口頭試問／男女

〈準備〉　問題９の絵を切り離してカードを作り、机の上に並べておく（女子）。

〈問題〉　呼ばれたら、先生の前に行って発表する。

【女子】
・好きなカードを１枚選んで裏返しにしてください。
・あなたはそれで遊ぶのが好きですか。
・誰といっしょに遊びますか。

【男子】
この問題の絵はありません。
・今日の朝ごはんは何を食べましたか。
・好きな朝ごはんは何ですか。

〈時間〉　適宜

問題10　分野：巧緻性／男女

〈準備〉　①Ａ４サイズの紙

〈問題〉　問題10①は絵を参考にしてください。
①紙折り
・先生がお手本を見せるので同じように折ってください。
②運筆
・上のお手本と同じように下の四角の中に線を引いてください。

〈時間〉　適宜

問題11　分野：保護者面接

〈準備〉　なし

〈問題〉　この問題の絵はありません。

・お母さん（お父さん）から見て、お子さまはどんなお子さまですか。
・入学したらどんなことをがんばらせたいですか。
・学校に期待することはありますか。
・合格した場合、入学してもらえますか。
・本校は第１志望ですか。
・本校を希望された理由をお聞かせください。
・ご家庭の教育方針をお聞かせください。
・最近、お子さまを褒めたことはありますか。
・ご家庭で大切にしていることは何ですか。
・ご家庭の教育方針は何ですか。
　（掘り下げる形で）具体的に教えていただけますか。
　（掘り下げる形で）方針通りにいかない時はどのようにされますか。

〈時間〉　５分程度

家庭学習のコツ　効果的な学習方法～問題集を通読する

過去問題集を始めるにあたり、いきなり問題に取り組んではいませんか？　それでは本書を有効活用しているとは言えません。まず、保護者の方が、すべてを一通り読み、当校の傾向、ポイント、問題のアドバイスを頭に入れてください。そうすることにより、保護者の方の指導力がアップします。また、日常生活のさまざまなことから、保護者の方自身が「作問」することができるようになっていきます。

問題 1－1

☆安田学園安田小学校

①

②

③

④

日本学習図書株式会社

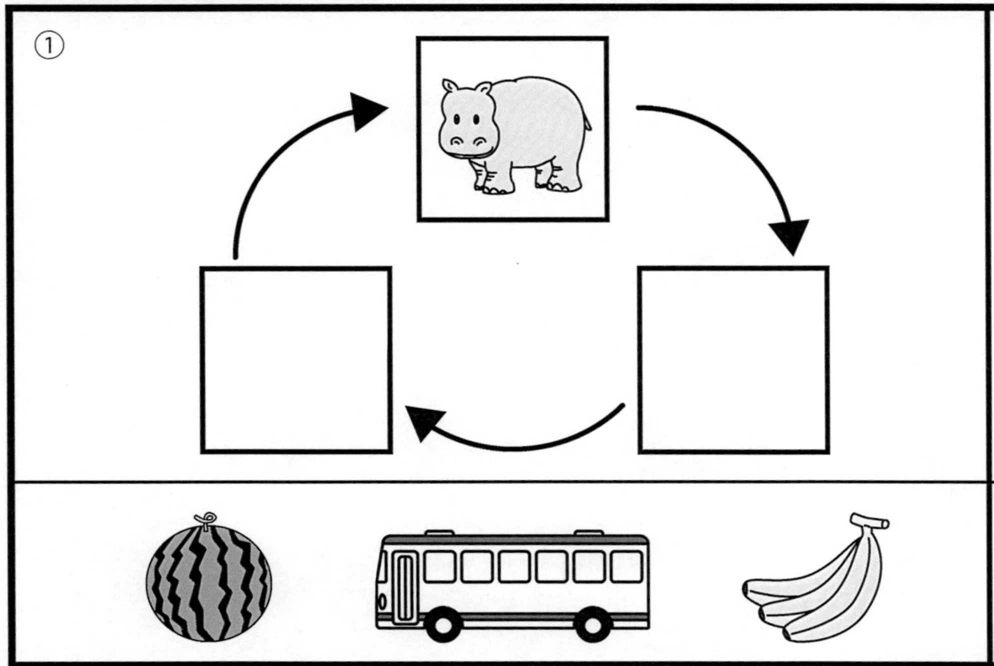

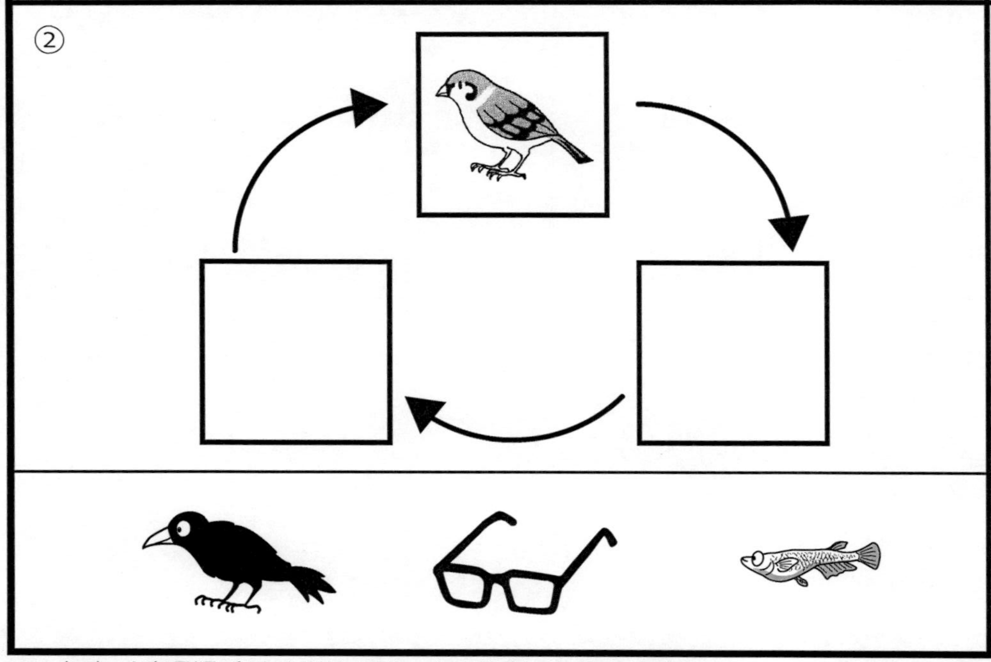

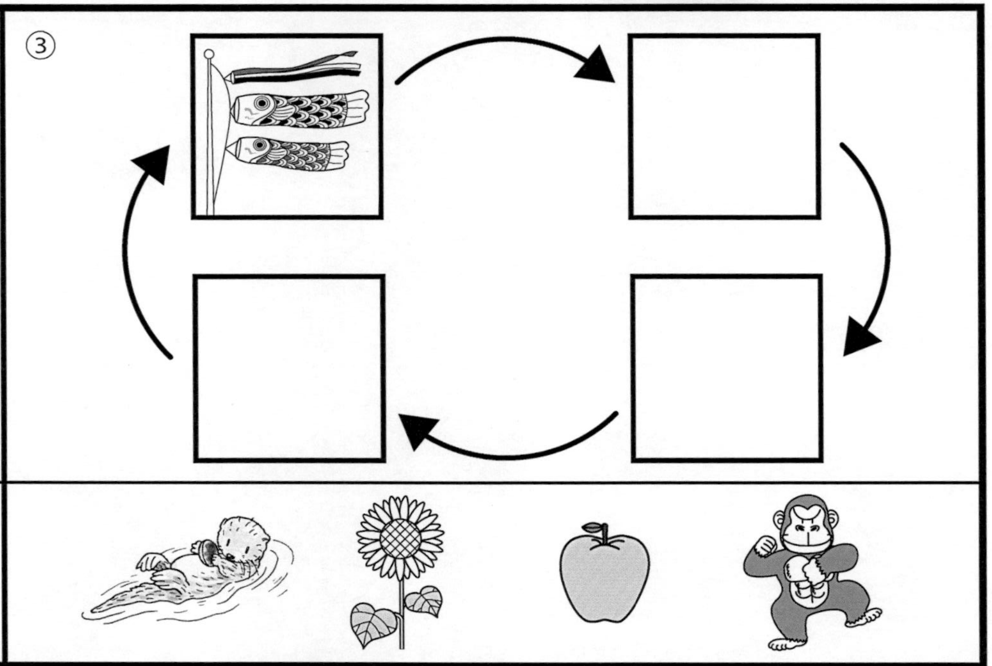

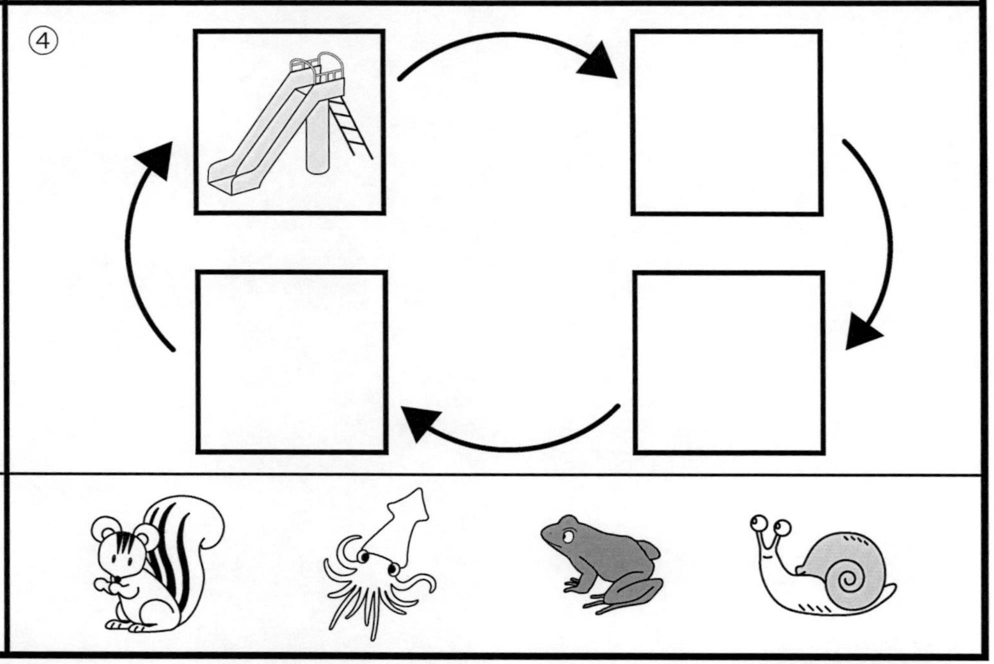

問題 1 － 2

⑤

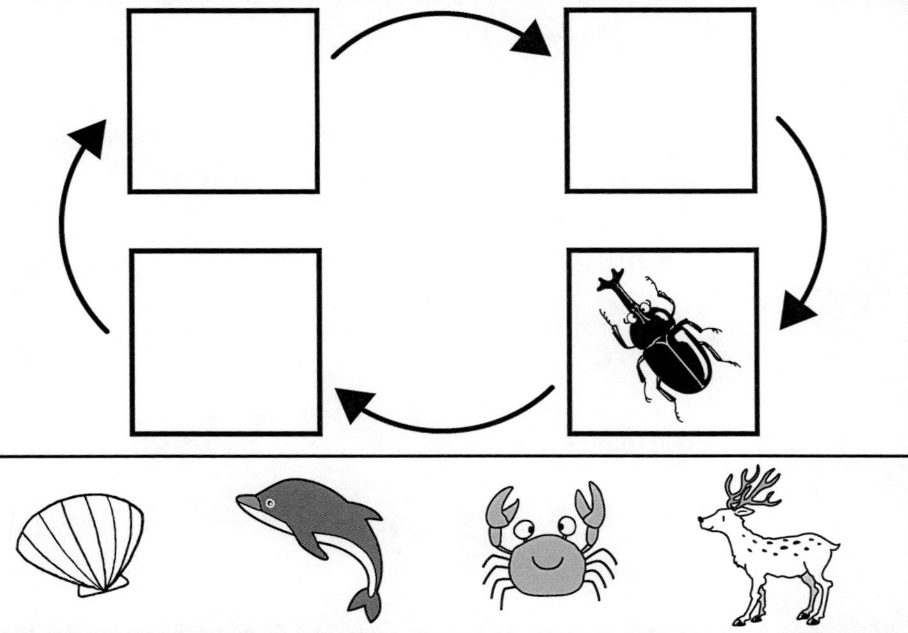

⑦

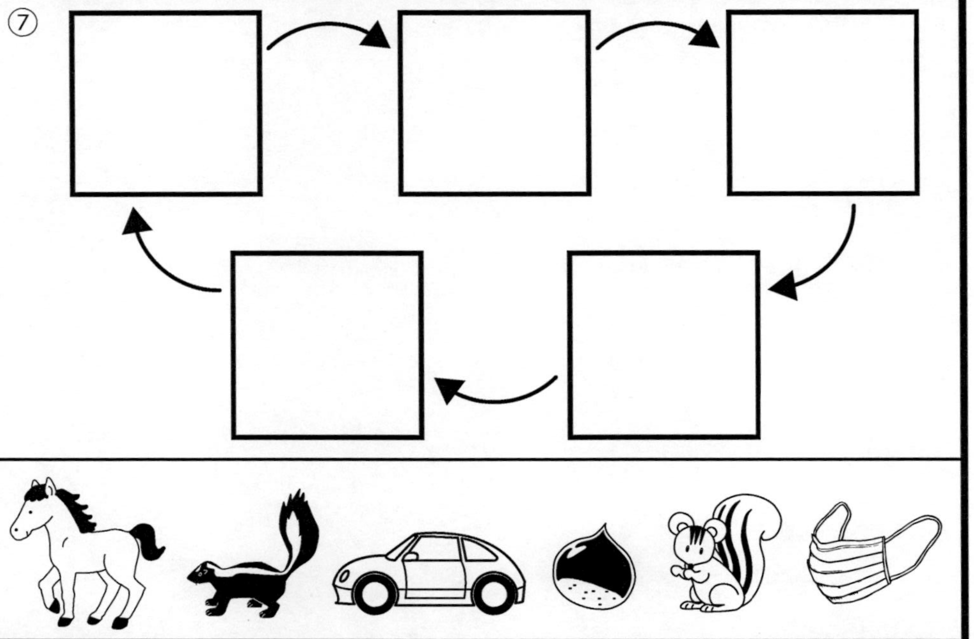

⑥

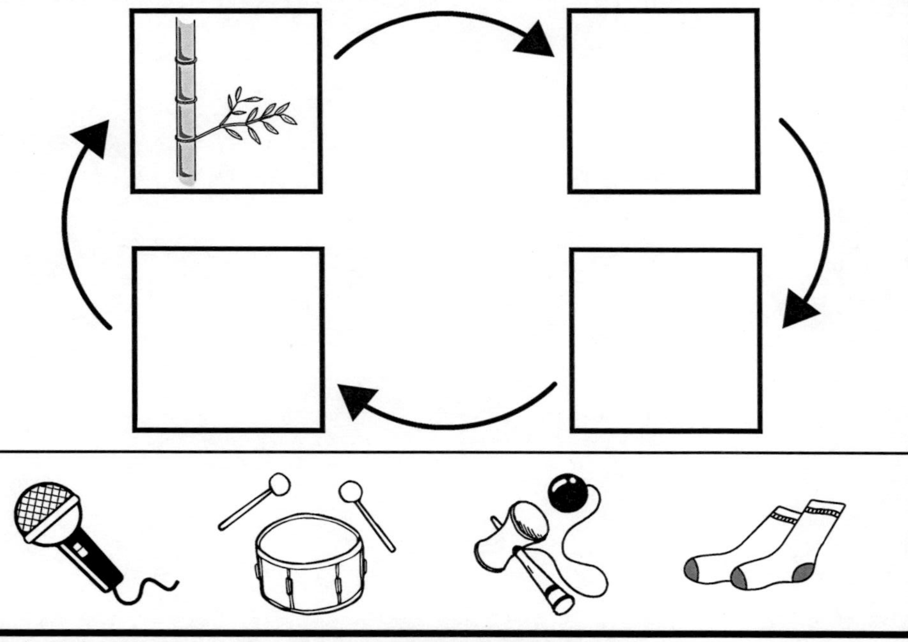

⑧

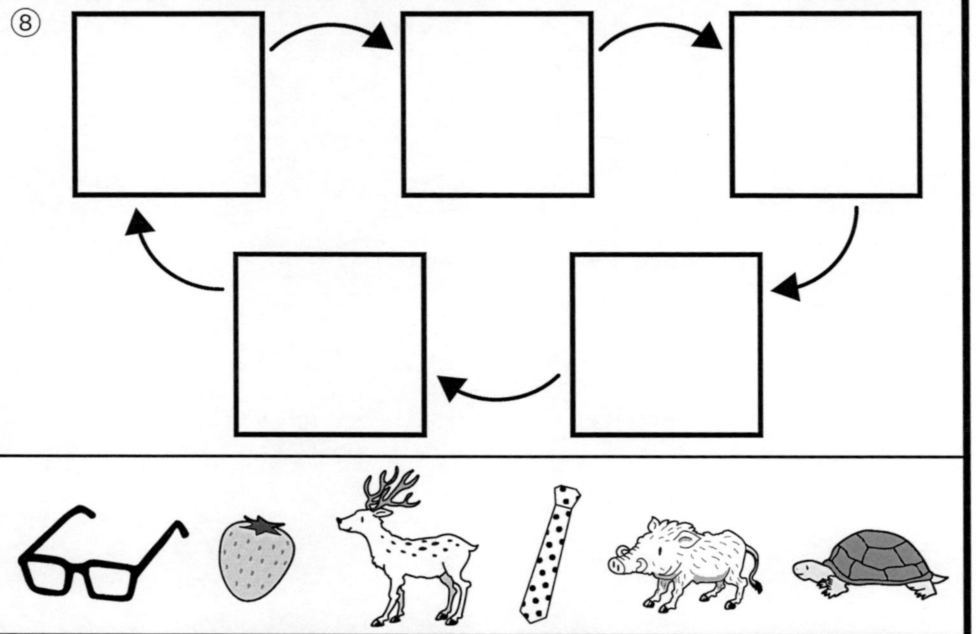

問題２－１

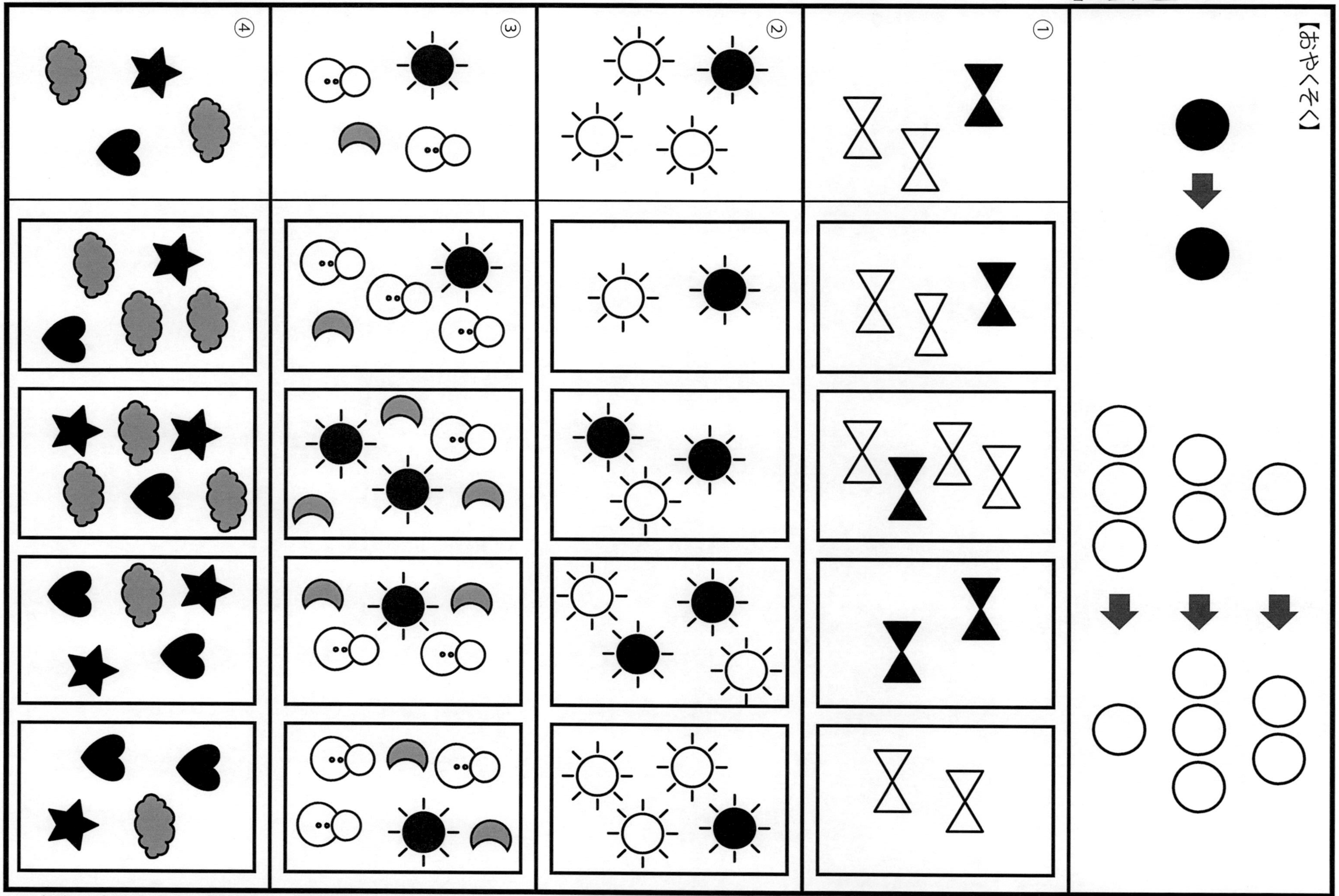

日本学習図書株式会社

問題2－2

【おやくそく】

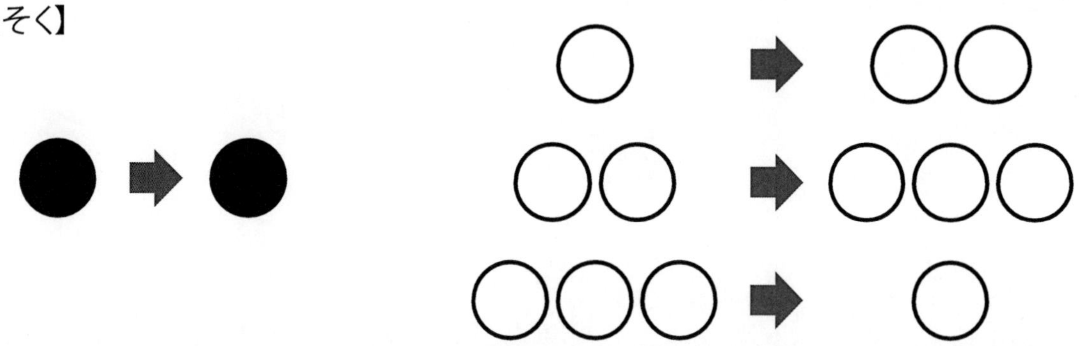

⑤

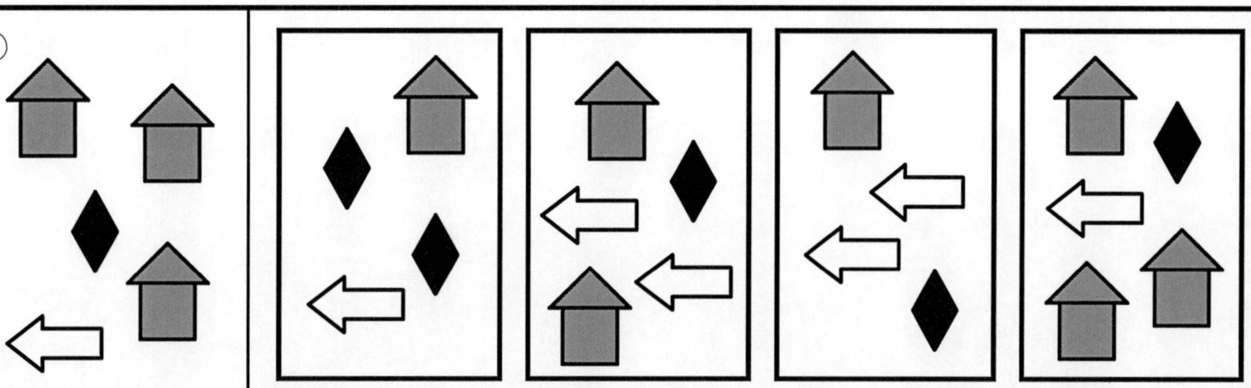

⑥

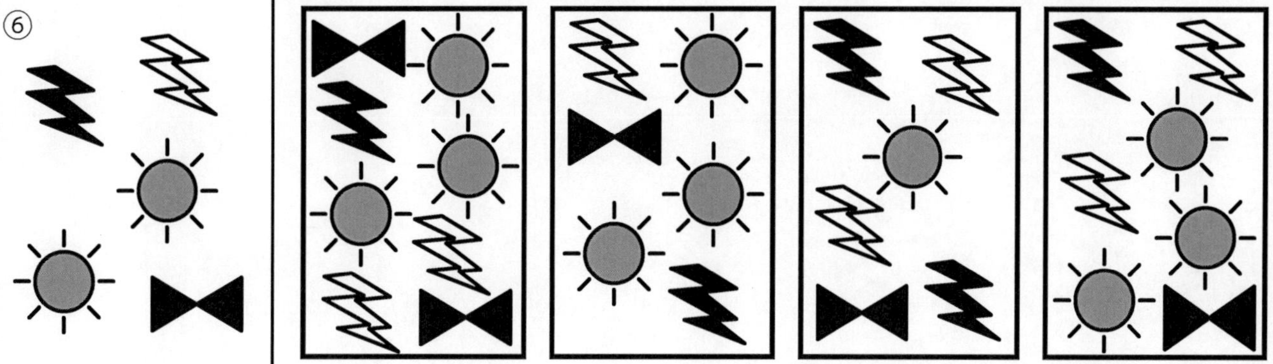

⑦

⑧

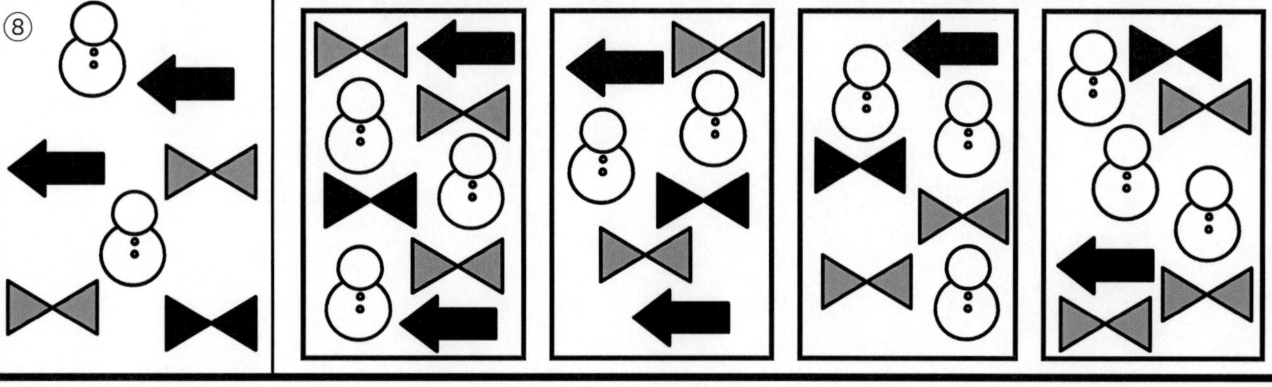

日本学習図書株式会社

☆安田学園安田小学校

問題３－１

①

②

③

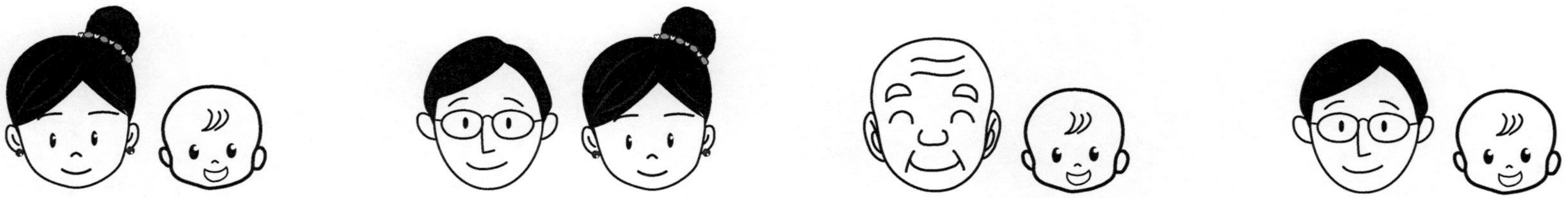

④

日本学習図書株式会社

問題3－2

⑤

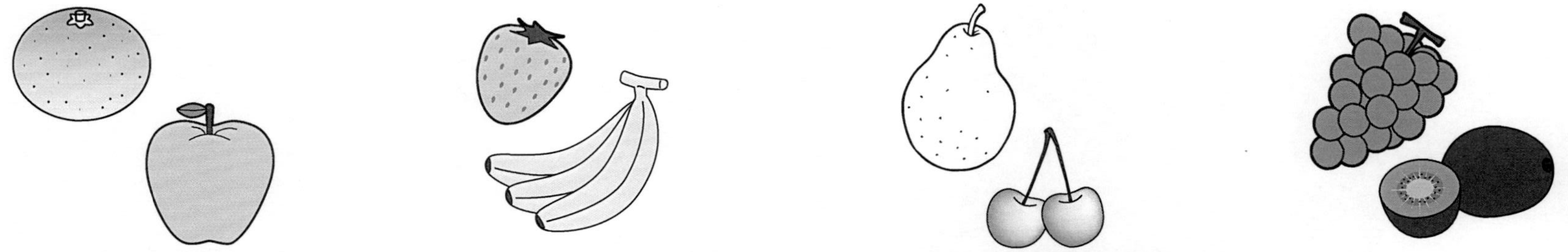

⑥

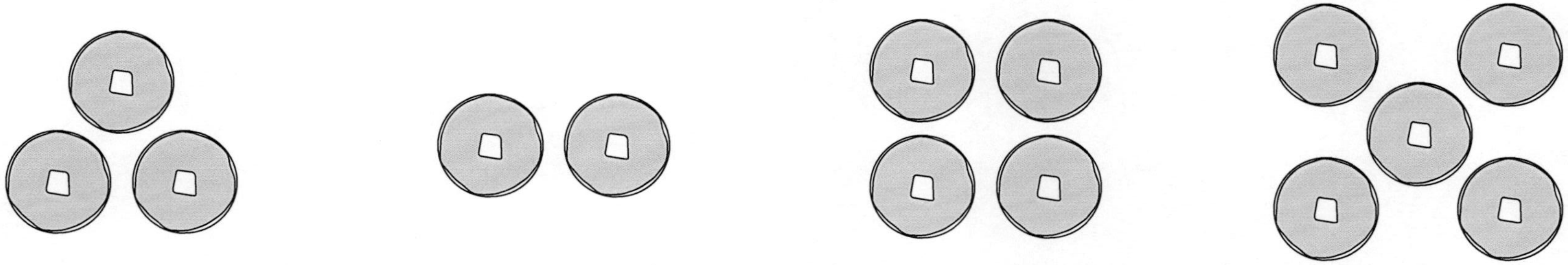

⑦

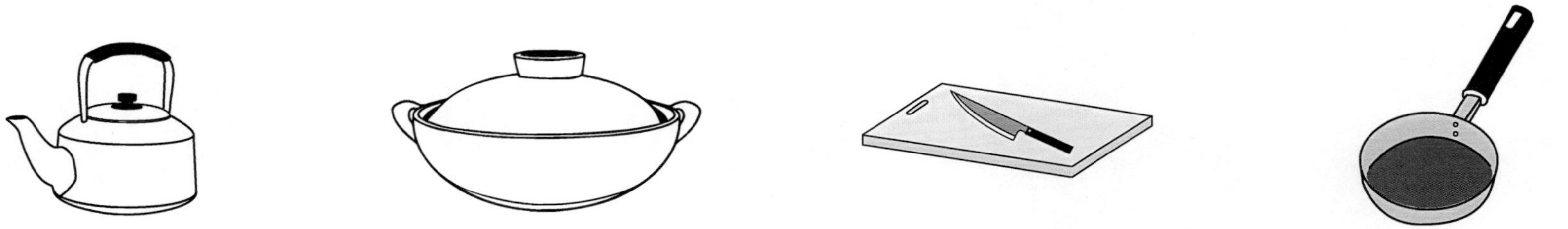

⑧

日本学習図書株式会社

2022年度 広島県版 私立小学校 過去 無断複製／転載を禁ずる　日本学習図書株式会社

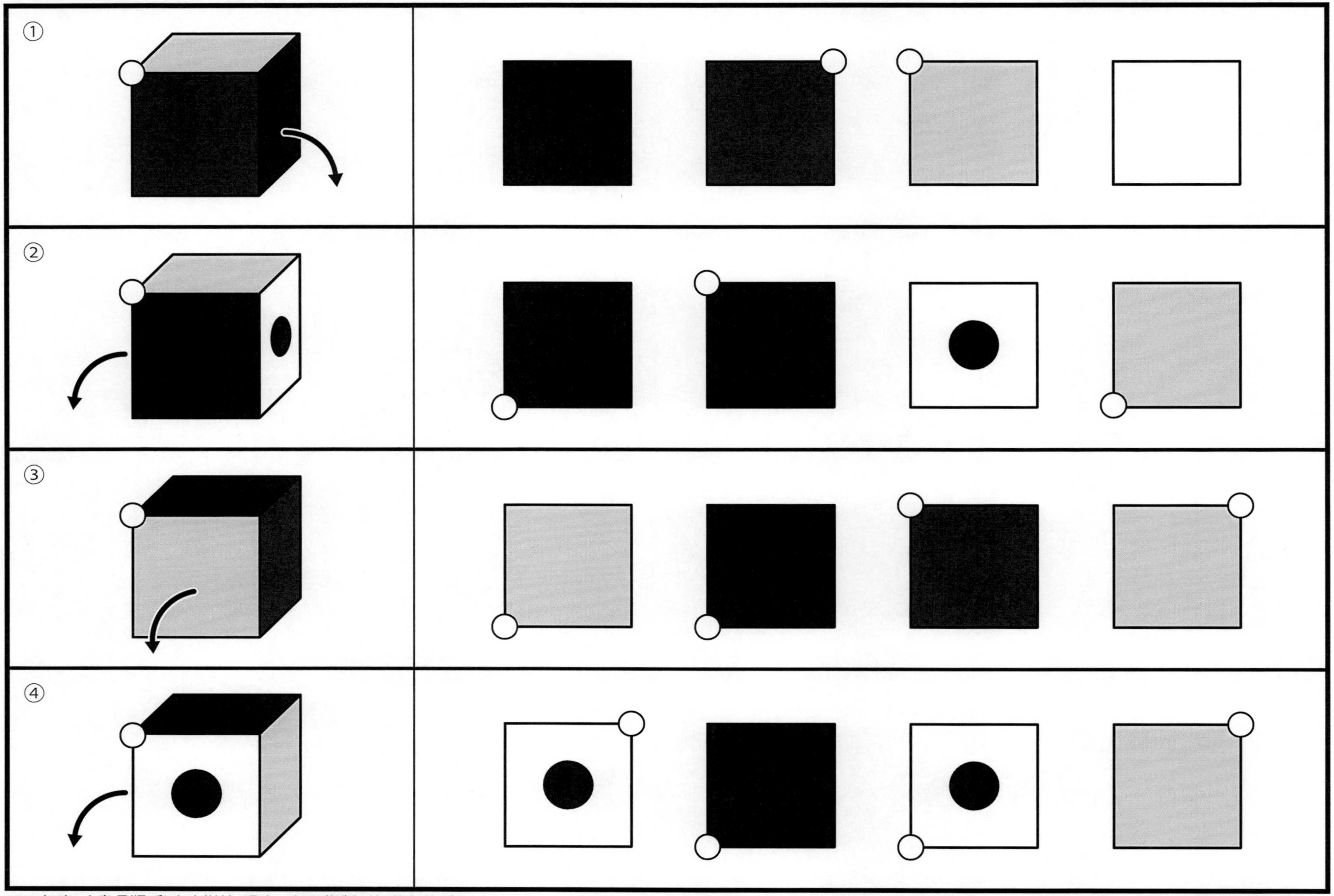

問題 4 － 2

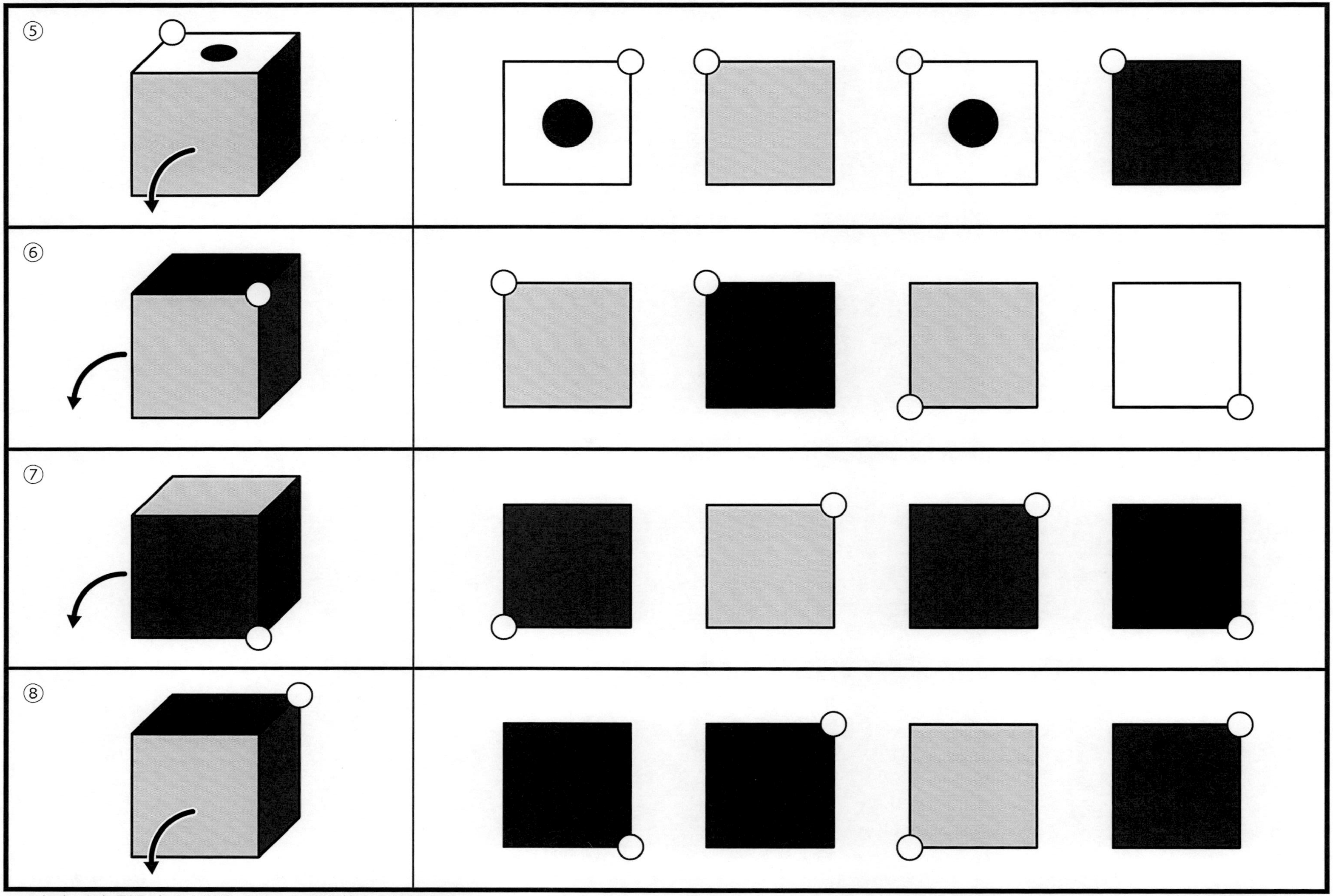

①

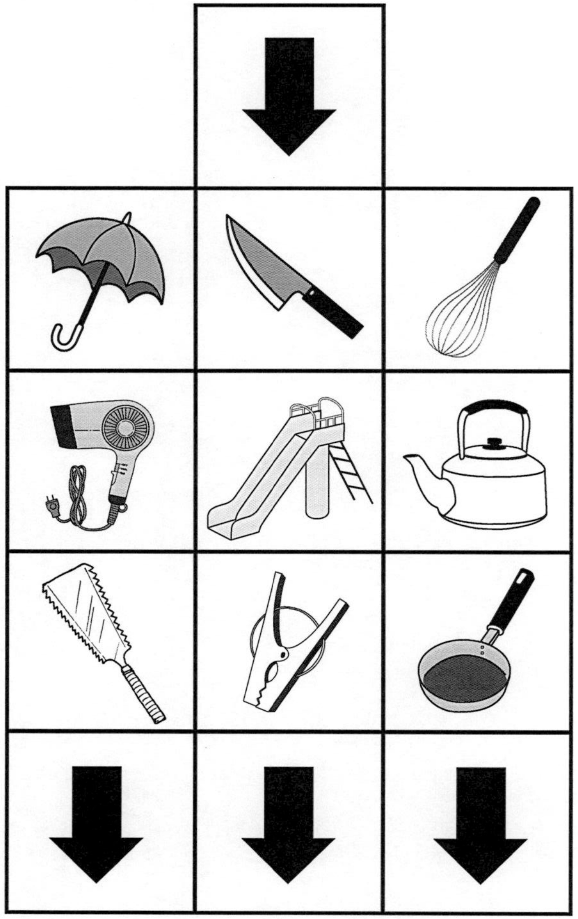

②

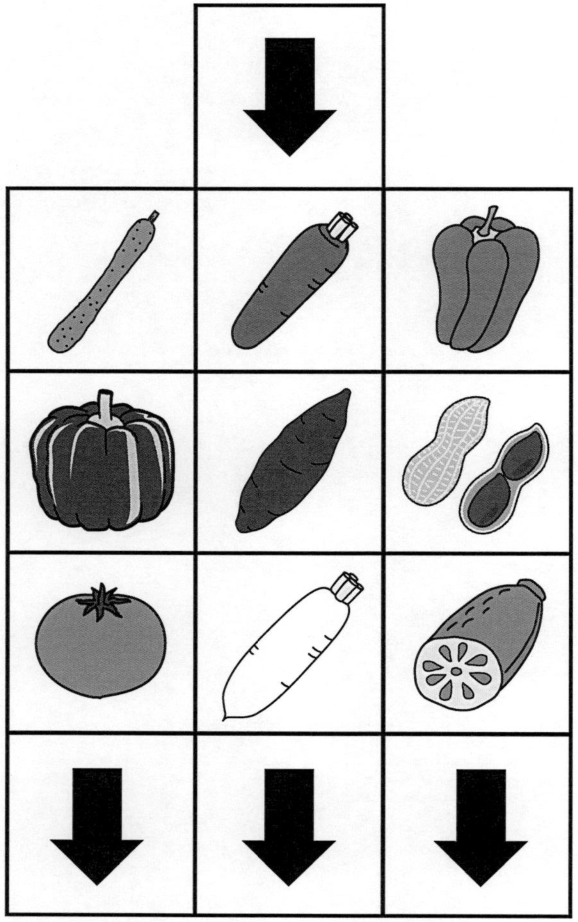

④

③

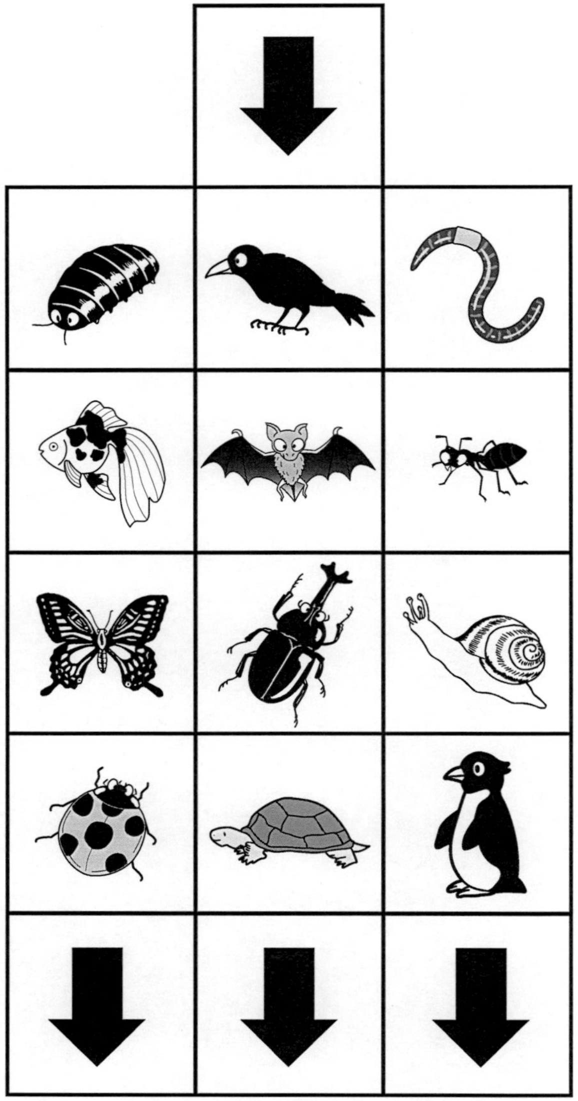

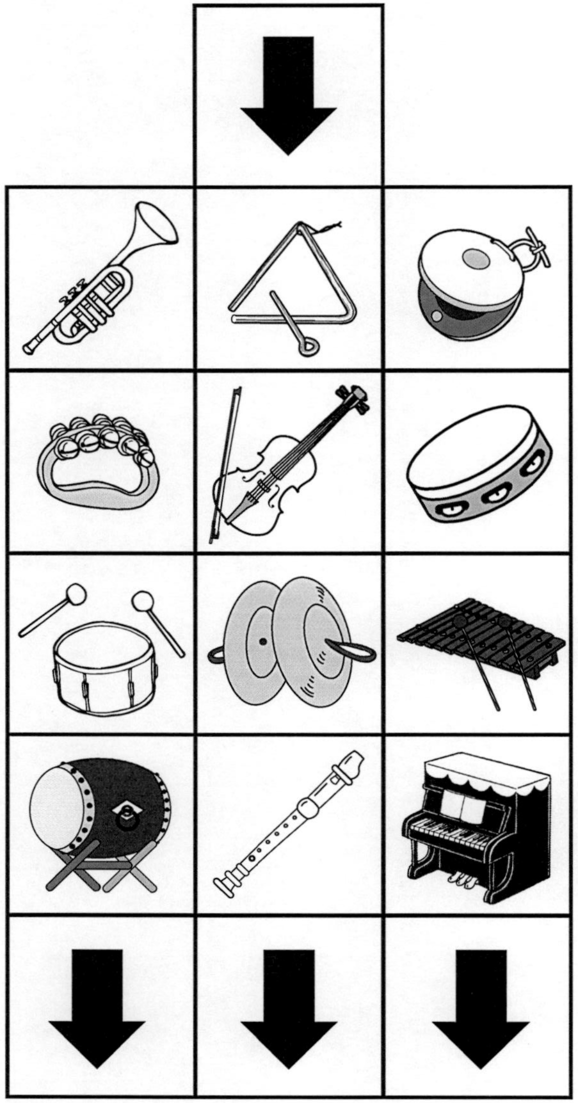

問題６－１

①

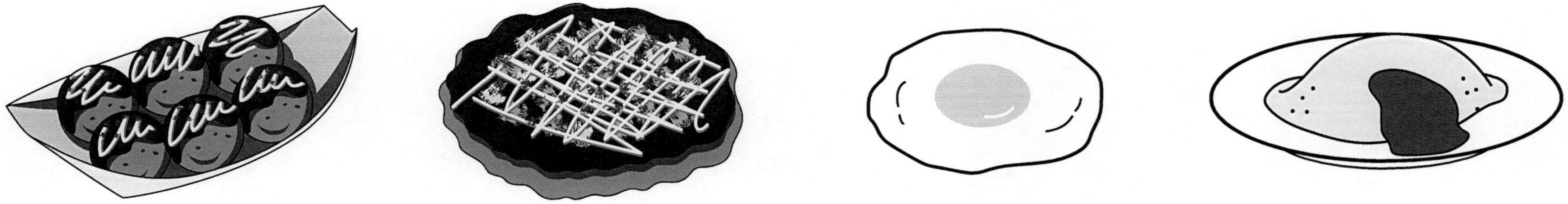

②

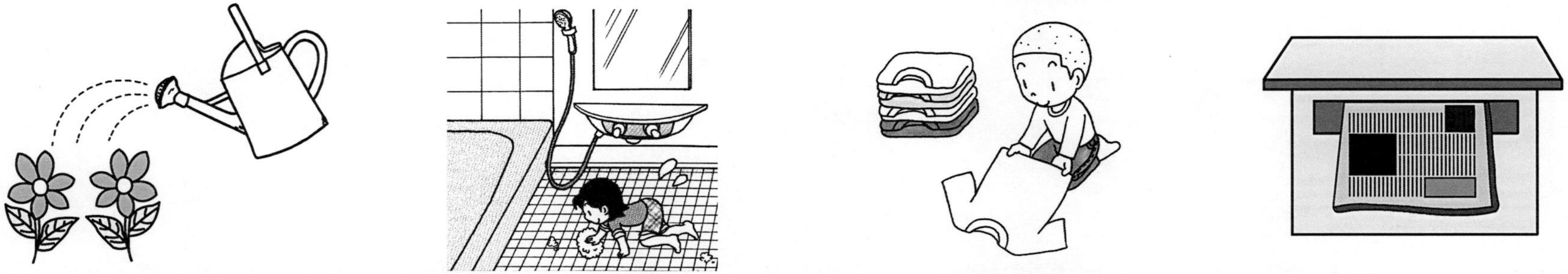

③

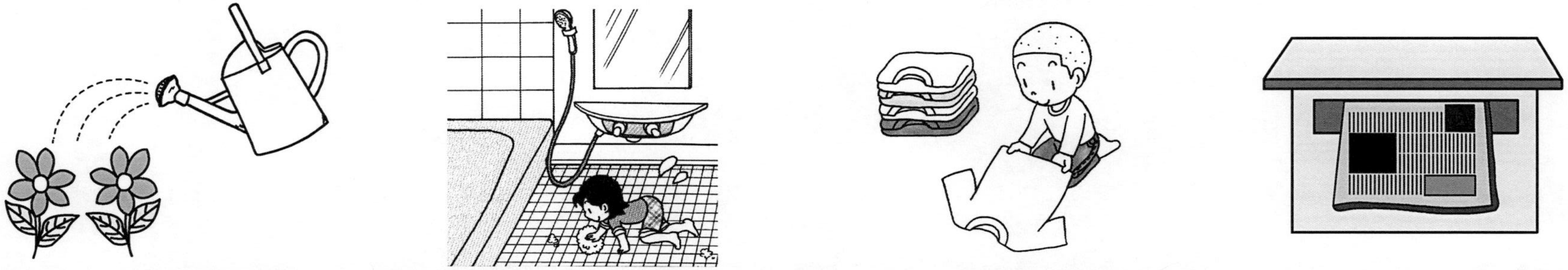

④

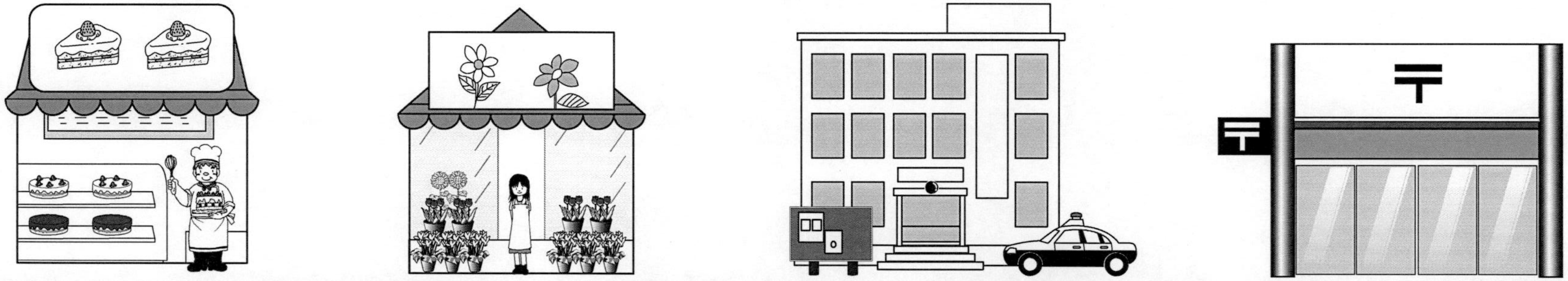

⑤

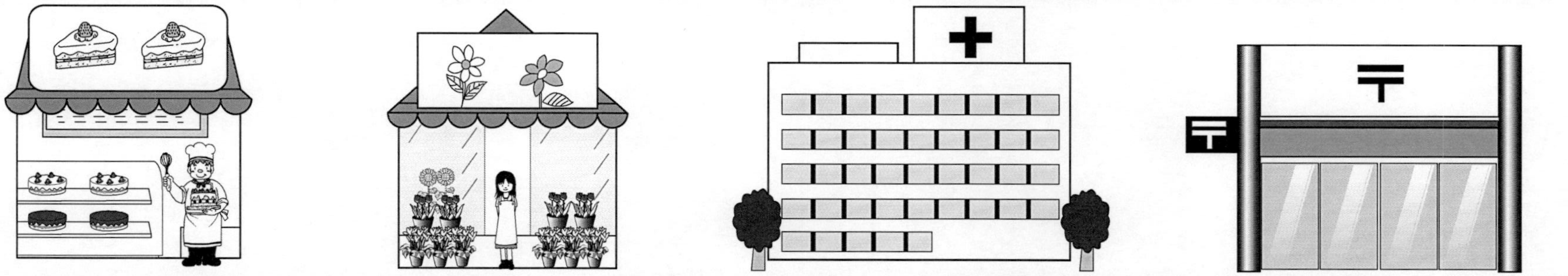

⑥

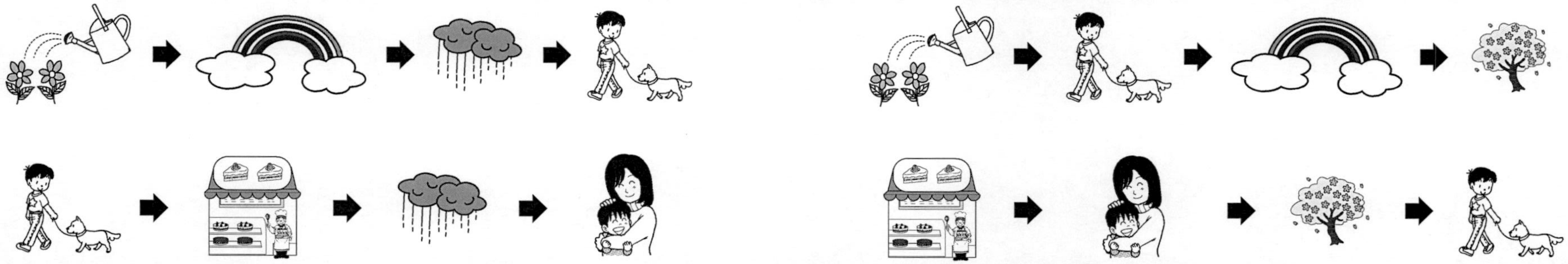

⑦

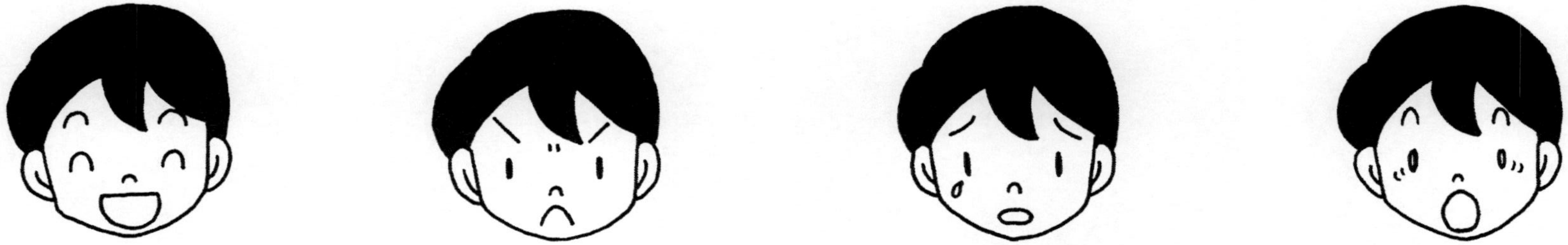

⑧

☆安田学園安田小学校

問題７－１

①

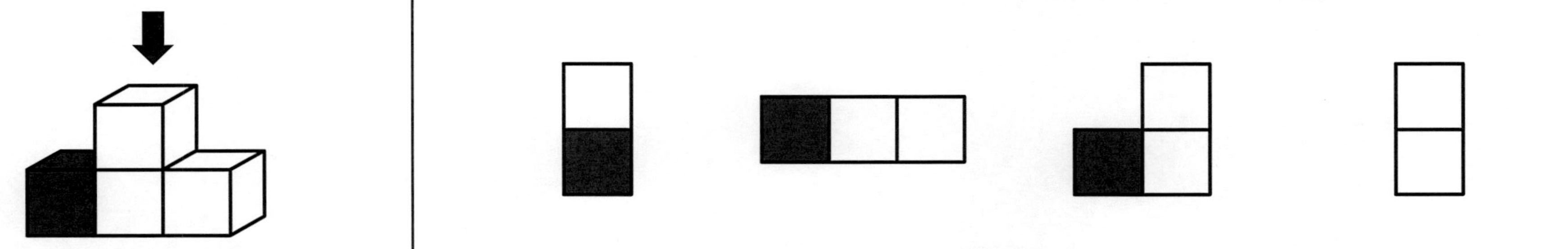

②

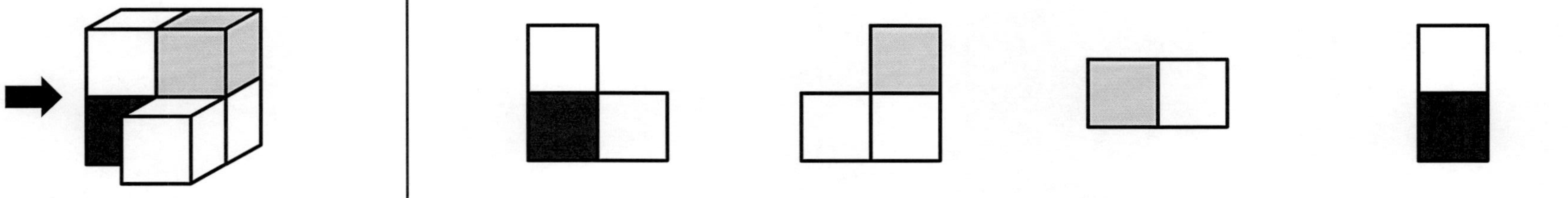

③

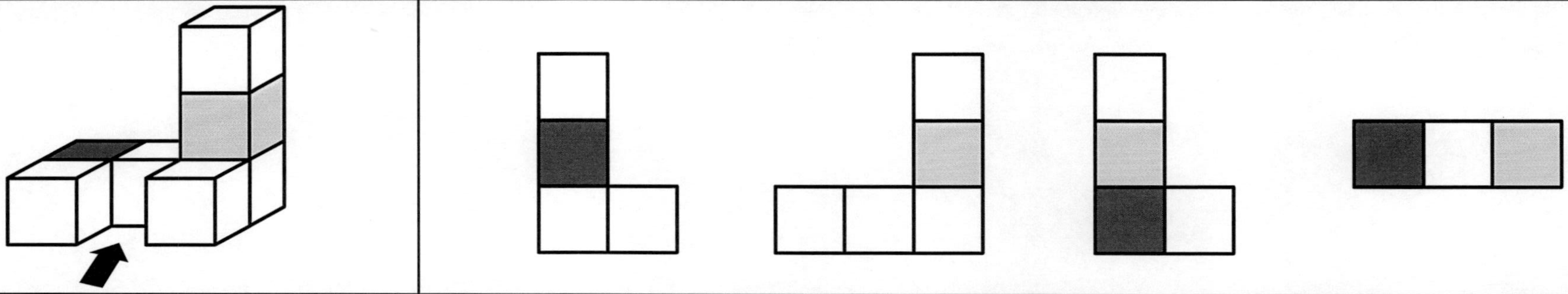

④

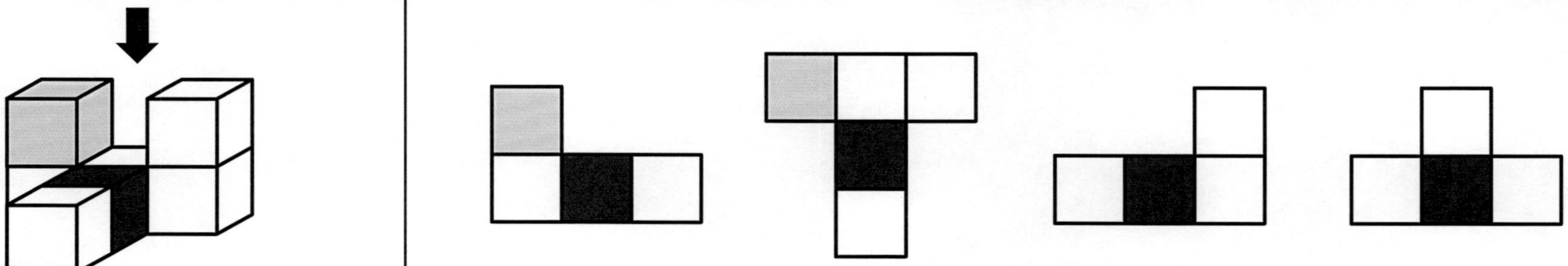

⑤

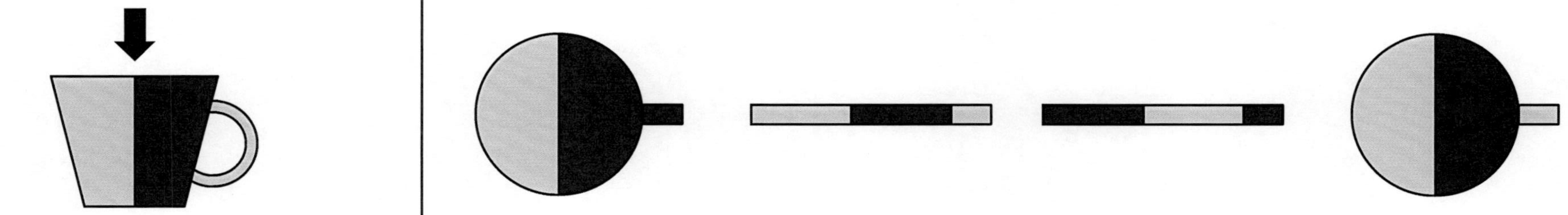

⑥

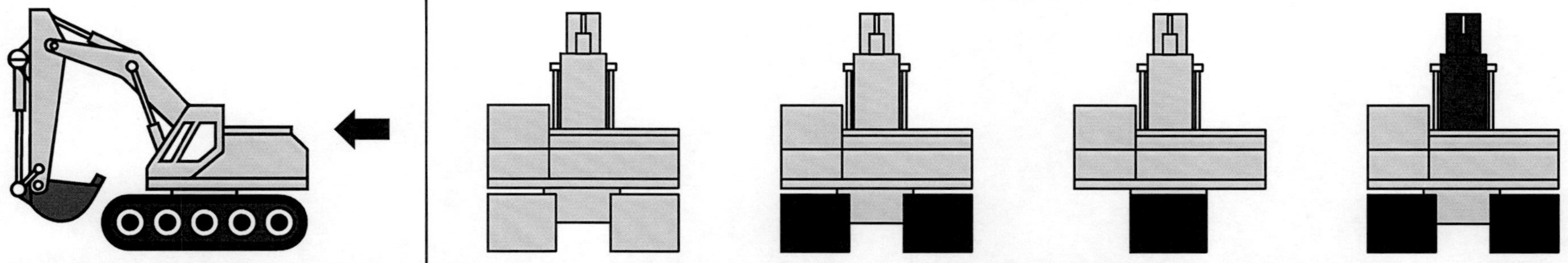

⑦

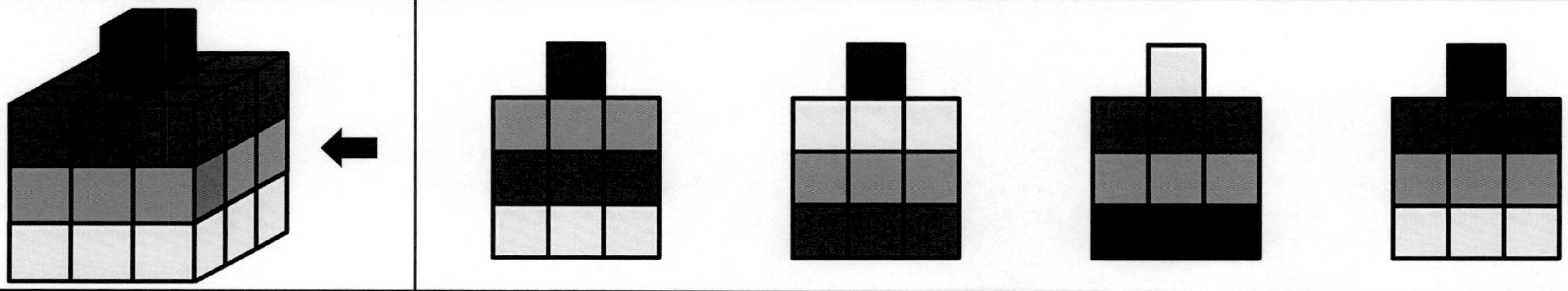

⑧

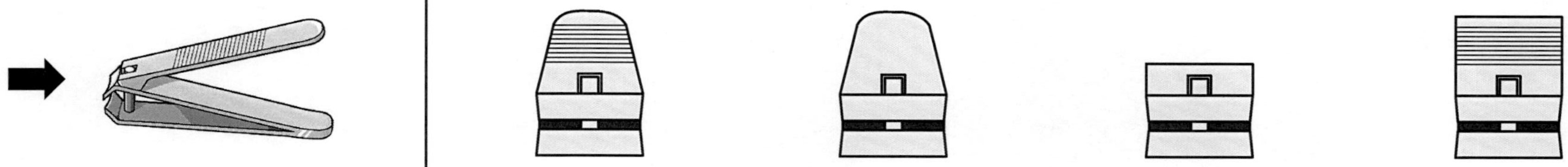

問題 8 － 1

①

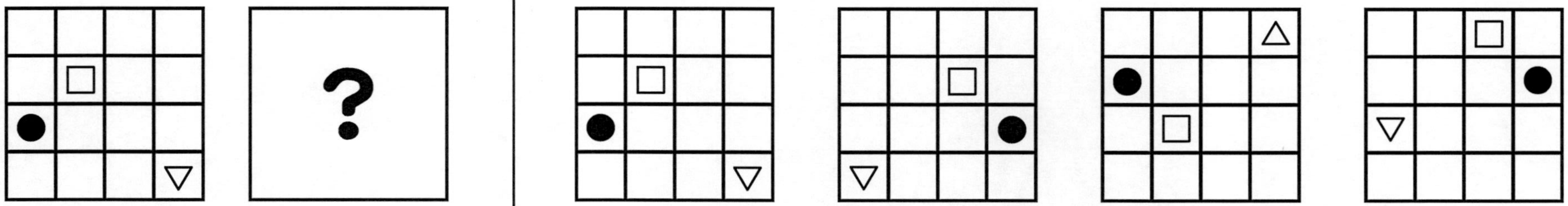

②

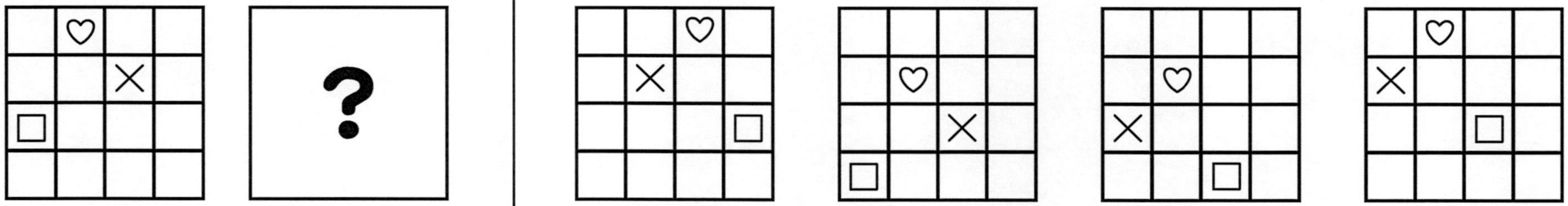

③

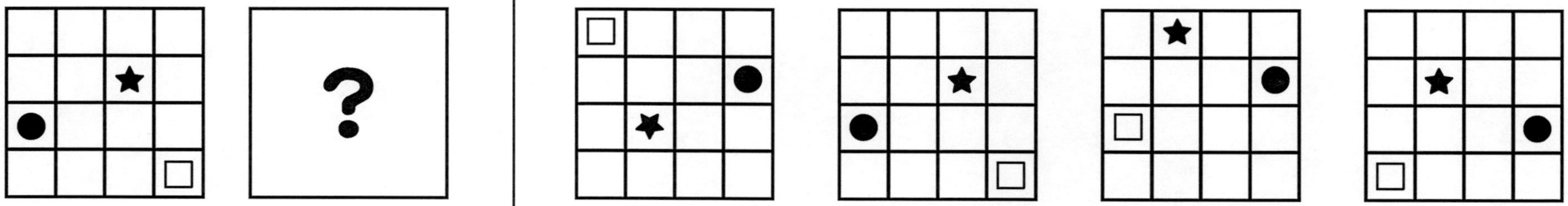

④

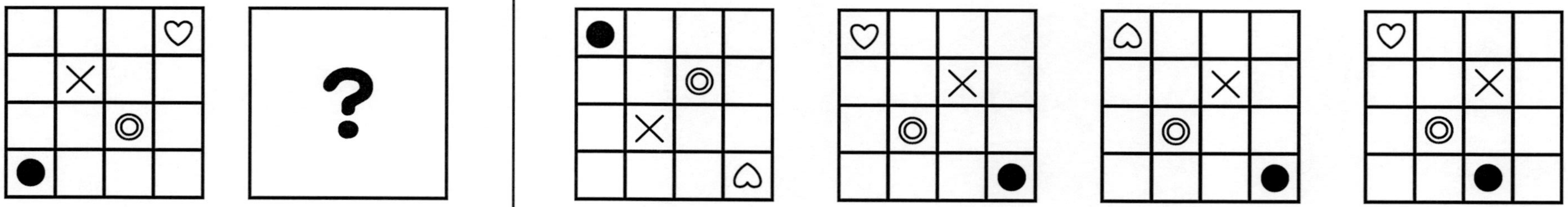

☆安田学園安田小学校

2022 年度　広島県版　私立小学校　過去　無断複製／転載を禁ずる　　日本学習図書株式会社

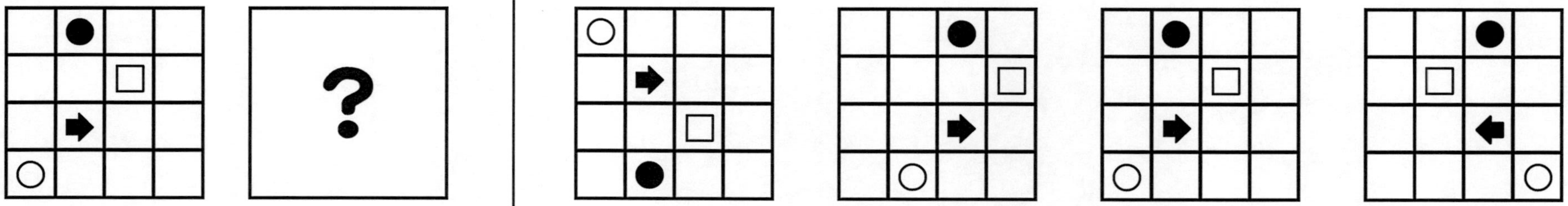

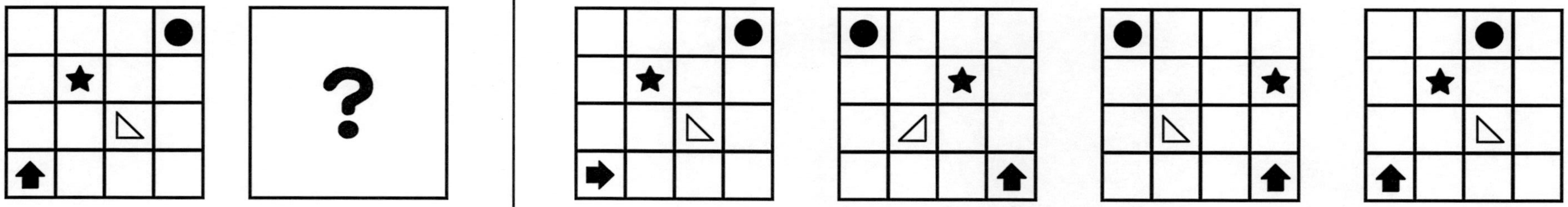

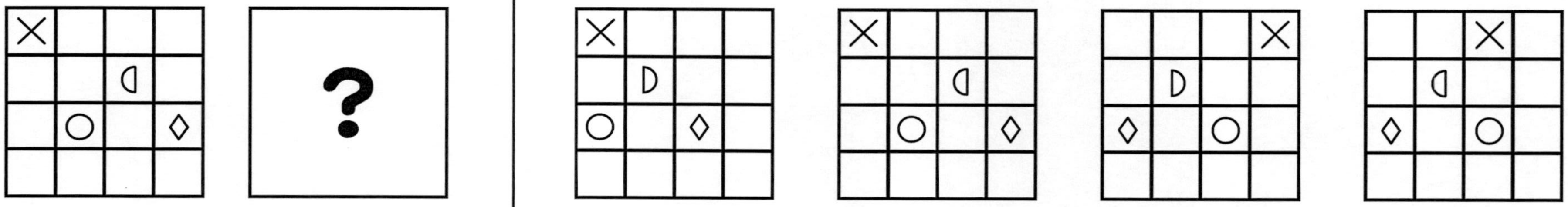

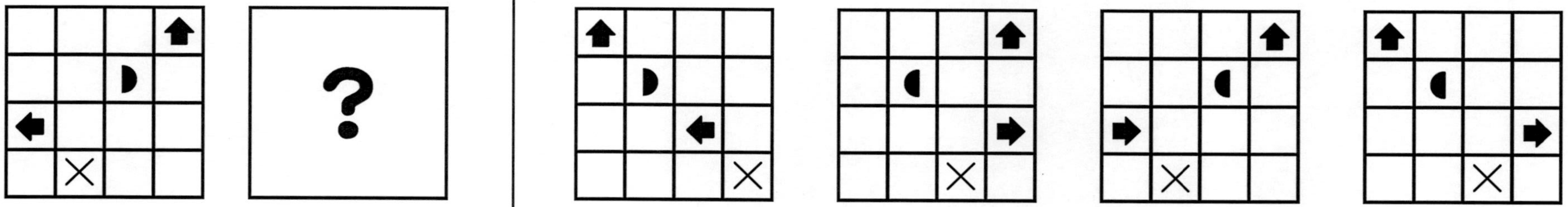

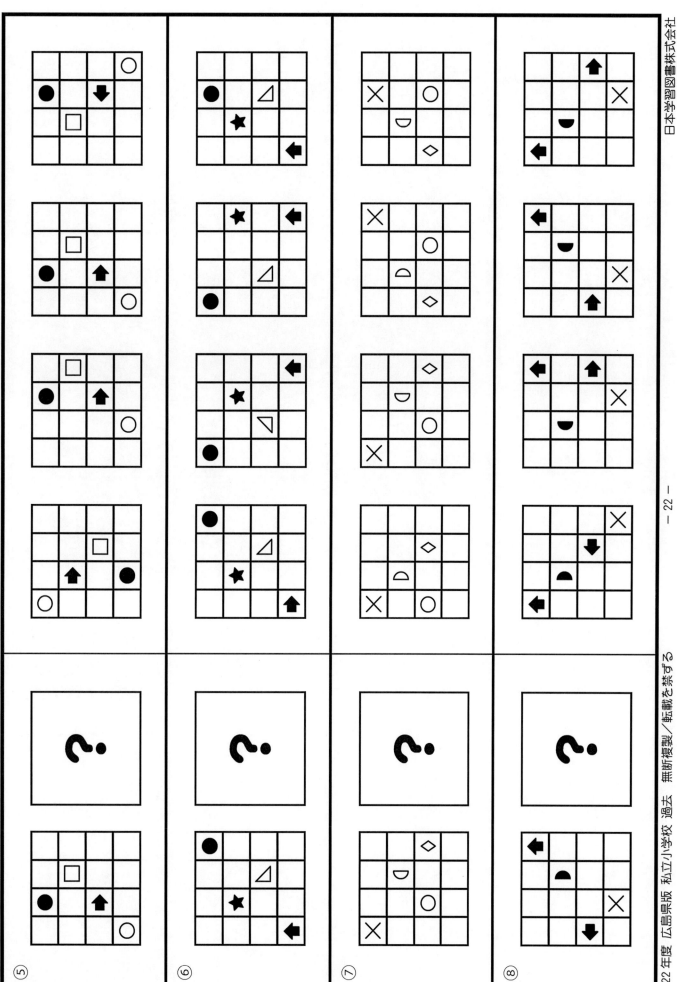

日本学習図書株式会社

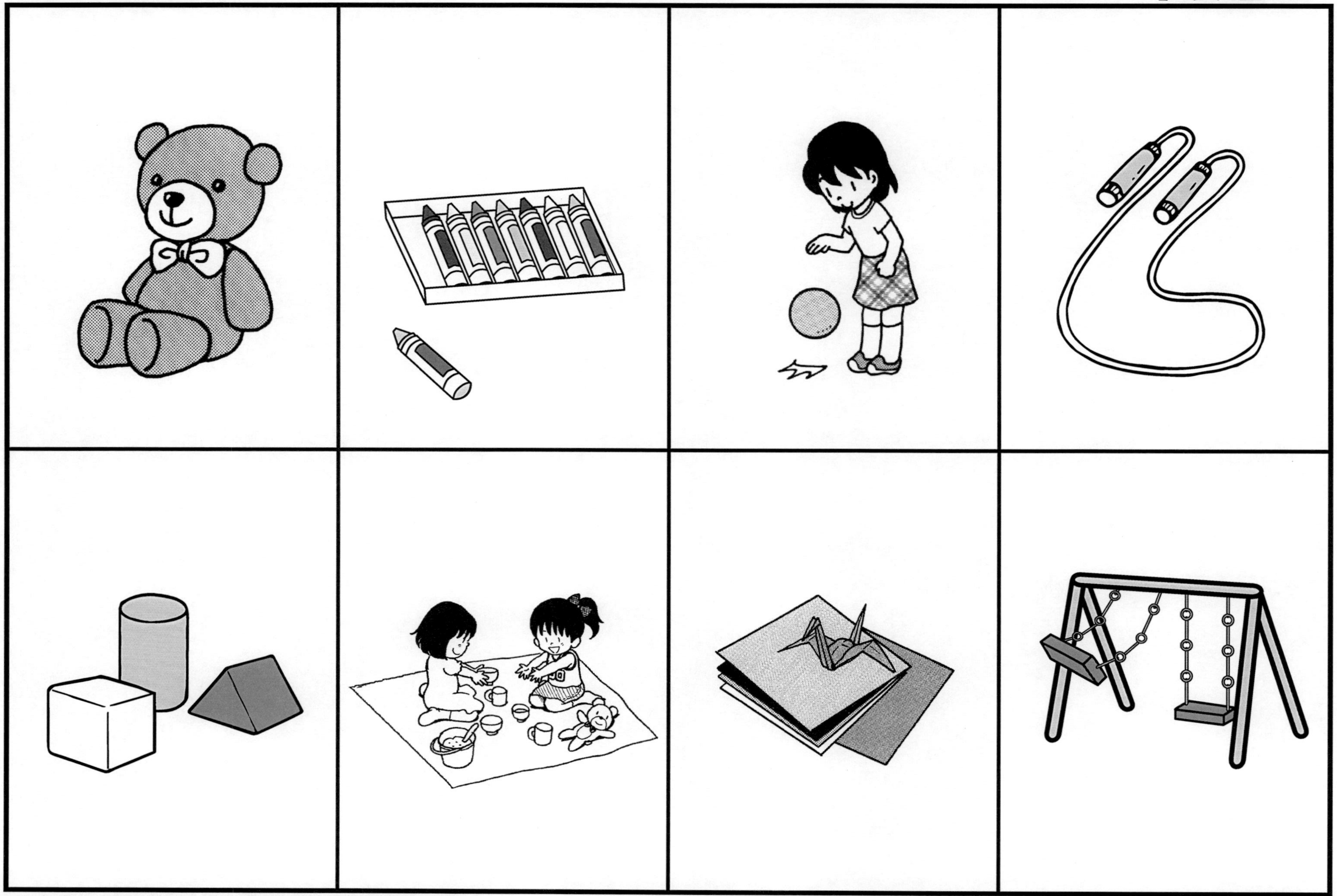

問題10－1

①

【女子】

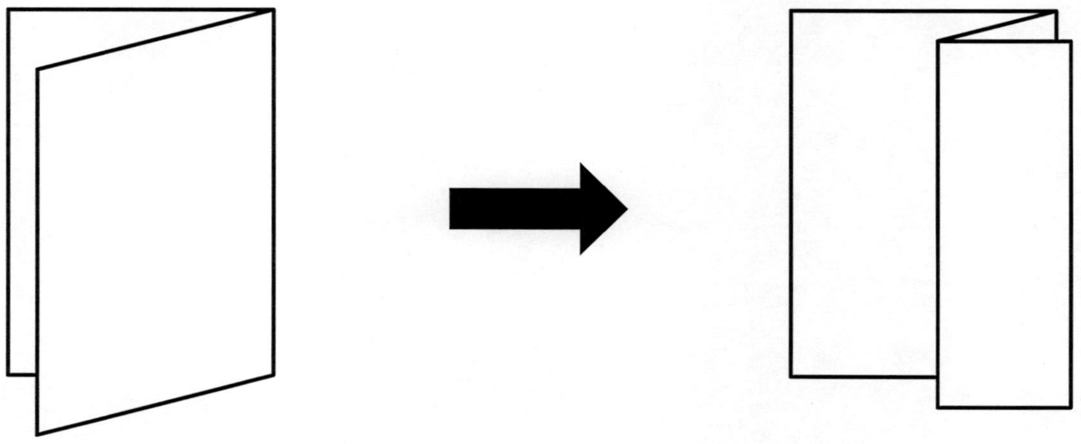

【男子】

問題１０－２

②

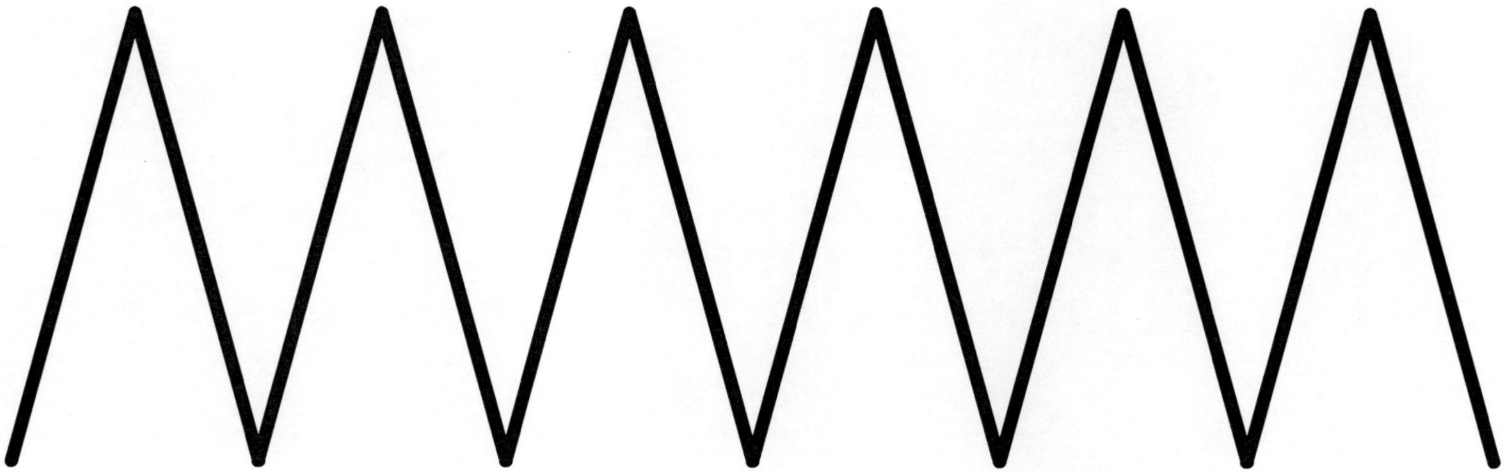

2021年度入試
解答例・学習アドバイス

解答例では、制作・巧緻性・行動観察・運動といった分野の問題の答えは省略されています。こうした問題では、各問のアドバイスを参照し、保護者の方がお子さまの答えを判断してください。

問題1　分野：言語（しりとり）／女子

〈解 答〉　①右（バナナ）　②真ん中（メガネ）　③左から２番目（ヒマワリ）
④右から２番目（カエル）　⑤右から２番目（カニ）　⑥左から２番目（太鼓）
⑦左端（ウマ）　⑧左から２番目（イチゴ）

「どこから始めてもつながる」という条件にとらわれ過ぎると、どこから手をつければよいのか悩んでしまうかもしれません。その条件をあまり気にせず、つなげられるところから始めるようにしましょう。それほど解答時間に余裕があるわけではありません。手をつけるまでに時間がかかってしまうと考える時間が少なくなってしまうので、わかるところから考えていく方がスムーズに進められます。「しりとり」として難しい問題ではありませんが、出題方法によって難しく感じてしまうこともあるので、さまざまな出題形式の問題に取り組んでおくとよいでしょう。また、当校の入試でははじめに例題を示してくれるので、しっかりと説明を聞くようにしてください。

【おすすめ問題集】
Ｊｒ・ウォッチャー17「言葉の音遊び」、18「いろいろな言葉」、
49「しりとり」、60「言葉の音（おん）」

問題2　分野：推理（ブラックボックス）／女子

〈解 答〉　①左から２番目　②左端　③右端　④左端
⑤右から２番目　⑥右端　⑦右から２番目　⑧左端

箱はありませんが、考え方としては推理分野のブラックボックスの問題です。そこに色という要素（実際の入試はカラーでした）が加わっているので、より難しくなっています。こうした複雑な問題は、例題が非常に大事になります。お子さまが本問に取り組む際も、まずは①を例題に使うなどして、どんな問題なのかを理解させることから始めましょう。本問のカギになるのは、色ごとに数の増減があるということです。問題を理解し、数を覚え、なおかつスピードも要求されます。かなり難しい問題になるので、基本的なブラックボックスの考え方をしっかりと理解してから取り組むようにしてください。

【おすすめ問題集】
Ｊｒ・ウォッチャー32「ブラックボックス」

問題3　分野：お話の記憶／女子

〈解 答〉 ①右から２番目　②右から２番目　③左端　④左端
⑤左から２番目　⑥右から２番目　⑦右端　⑧左端

お話も長く、問題数も多いですが、問われることは基本的にお話に出てくるものばかりなので、「聞く」ことが重視されていると言えるでしょう。お話が長すぎて集中して聞くことができないようであれば、お話をいくつかに分割してみるのも１つの方法です。一場面ずつお話を聞いて、記憶するという形です。また、根本的なことを言えば、ふだん読み聞かせをしていないと、お話の記憶ができるようにはならないものです。読み聞かせは、小学校受験だけではなく、コミュニケーションの基本にもなります。まずは、「聞く」「理解する」という土台を固めてから、問題に対応できる力を養っていきましょう。

【おすすめ問題集】
１話５分の読み聞かせお話集①・②、お話の記憶問題集 初級編・中級編・上級編、
Ｊｒ・ウォッチャー19「お話の記憶」

問題4　分野：図形（回転図形・四方からの観察）／女子

〈解 答〉 ①左から２番目　②左端　③左から２番目　④右から２番目
⑤右から２番目　⑥左端　⑦右から２番目　⑧左から２番目

本問は、サイコロを使った立体的な回転図形と言うと理解しやすいかもしれません。ただ、手前に倒す問題（③⑤⑧）以外は、立体ということを考える必要はありません。小学校入試でよく出題される、いわゆる回転図形の問題と同じです。もちろん、手前に倒すというあまり経験のない要素も加わってはいますが、見た目や出題方法が違うからといって、「難しい」と考えるのではなく、「横に倒すということは、やったことのある回転図形と同じなのでは？」と考えられる力が求められます。本問は、例題として実物のサイコロ（立方体）を用いた説明がありました。ご家庭でも、サイコロなどを利用して問題に取り組むことで、理解を深めることができます。

【おすすめ問題集】
Ｊｒ・ウォッチャー10「四方からの観察」、46「回転図形」、
53「四方からの観察　積み木編」

問題5　分野：推理（迷路）・常識（いろいろな仲間、理科）／男子

〈解 答〉　下図参照

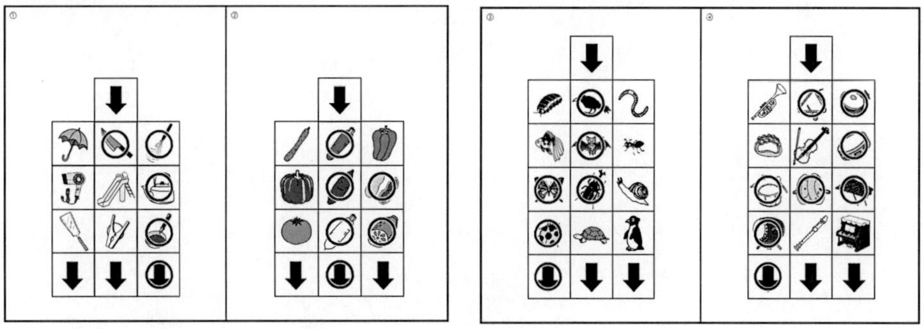

常識問題に迷路の要素を加えた問題です。ルールを理解してしまえば特に難しい問題ではありませんが、指示が複数あるので少し考えてしまうかもしれません。当校はほかではあまり見ない出題方法があります。そのために例題を見せてから問題に入るのですが、そうした説明を理解できるかどうかも重要なポイントになっていると考えられます。単純な知識を問うのではなく、はじめての出題方法でもそれを理解し、自分の経験や知識に照らし合わせながら問題を解くことが求められます。最近の小学校受験では、そうした「考える」ということが大切な要素になってきているので、知識を詰め込むだけの学習では対応できなくなってきています。

【おすすめ問題集】

Ｊｒ・ウォッチャー７「迷路」、11「いろいろな仲間」、27「理科」、
55「理科②」

問題6　分野：お話の記憶／男子

〈解 答〉　①左から２番目　②右から２番目　③左端　④左から２番目
⑤左端　⑥右上　⑦左から２番目　⑧○：６

女子の問題に比べるとやや難しくなっています。⑥お話の順番、⑦相手の気持ちを考える、⑧イヌが何歳か考えるなど、直接的にお話には出てこない問題があります。難問というわけではありませんが、お話も長いですし、８問のあるうちの後半の問題になるので、集中力や記憶力が低下してしまいがちです。長いお話でもしっかり聞くことができるように、ふだんの読み聞かせを大切にしてください。お話の記憶は、聞くことができなければ何も答えることができません。お話の記憶の問題に取り組む前段階として、読み聞かせをして基礎をしっかりと固めておいてください。

【おすすめ問題集】

１話５分の読み聞かせお話集①・②、お話の記憶問題集 初級編・中級編・上級編、
Ｊｒ・ウォッチャー19「お話の記憶」

問題7　分野：推理（四方からの観察）／男子

〈解 答〉　①左から２番目　②左端　③左から２番目　④左から２番目
⑤右端　⑥左から２番目　⑦右端　⑧左端

一般的な四方からの観察は、指定された方向から見てどんな形に見えるかを問うものですが、本問では色の違い（実際の入試はカラーでした）も問われます。積み木などで問題を再現する時には、色の違いということも意識して行ってください。当校では本問に限らず、色という要素が重要なポイントになっています。小学校入試も以前は本問題集のように白黒がほとんどでしたが、最近ではカラーのものやモニターを使った出題なども増えてきています。そうした問題に対応するには、ペーパーだけでなく、実際に積み木やコップなどを四方から観察して、形だけではなく色の違いも意識させることが必要になってきます。

【おすすめ問題集】
Ｊｒ・ウォッチャー10「四方からの観察」、53「四方からの観察　積み木編」

問題8　分野：図形（対称図形）／男子

〈解 答〉　①左から２番目　②左端　③右端　④左から２番目
⑤右端　⑥左から２番目　⑦右から２番目　⑧右端

例題は、先生がマス目の書かれたボードをパタンと裏返して見せる形で示されました。当校としては珍しいオーソドックスな問題です。それだけに確実に正解しておきたいところでしょう。気をつけるところは、左右を反転させた時に形（向き）が変わる矢印などです。その矢印にしても上、下を向いている時には形は変わりません。本問は選択肢の中から選ぶ形式なので、そうした点に注目しなくても答えがわかるのですが、自分で形を書く場合には重要なポイントになります。どんな出題形式にも対応できるように、細かな部分まで気を配りながら問題に取り組むようにしてください。

【おすすめ問題集】
Ｊｒ・ウォッチャー８「対称」、48「鏡図形」

問題9　分野：口頭試問／男女

〈解 答〉　省略

例年、カードを使った形式での出題でしたが、本年度の男子は面接的な形で行われました。形が変わったとしても、神経質に考える必要はありません。朝ごはんにおかしを食べたとなると問題があるかもしれませんが、基本的にはどんな答えかが重要なわけではありません。質問を理解し、それに沿った回答ができるかどうかというコミュニケーション能力が観られているのです。その一環として、相手の目を見て話すことや大きな声で話すなどが求められるのです。口頭試問や志願者面接などでは、一問一答のようにどう答えるかを考えるのではなく、聞かれたことに素直に答えられることが大切なのです。

【おすすめ問題集】
新 口頭試問・個別テスト問題集

問題10　分野：巧緻性／男女

〈解 答〉　省略

例年行動観察が行われていましたが、本年度はコロナ禍ということもありシンプルな巧緻性の課題が実施されました。紙折りはこれまでも行動観察の中で行われている簡単なものですし、運筆も難しい課題ではありません。ということは、結果ではなく過程が観られていると言うことができます。複雑な指示ではないからこそ、１つひとつていねいに取り組むことを心がけてください。2022年度入試にどんな課題が行われるのかは、コロナの状況に大きく左右されます。ただ、誰もが同じ条件です。はじめて経験する課題に慌てるのではなく、それを楽しめるような心構えでいられるように準備をしておきましょう。

【おすすめ問題集】
実践 ゆびさきトレーニング①・②・③、Ｊｒ・ウォッチャー23「切る・貼る・塗る」

問題11　分野：保護者面接

〈解 答〉　省略

両親が来校してもどちらか１名と面接を行います。学校ホームページのＱ＆Ａに「面接でお聞きする内容は、事前に決まっているのでご安心ください」と記載されているように、質問内容は例年ほぼ同じものです。保護者面接でよく聞かれる質問ばかりなので、それほど綿密な準備が必要なものではありません。基本的には志願者を観る試験で、保護者面接は確認的な意味合いが感じられるので、保護者の方はあまり気負わずに面接に臨むようにしてください。入学させたいという意思をしっかりと伝えることができれば充分なのではないでしょうか。

【おすすめ問題集】
新 小学校受験の入試面接Ｑ＆Ａ、保護者のための面接最強マニュアル

2020年度の過去問題

問題12　分野：言語（言葉の音）／女子

〈準備〉　サインペン（青）

〈問題〉　**この問題の絵は縦に使用してください。**
仲間はずれを探す問題です。１番上の段を見てください。左から「ツル」「つみき」「あくび」「つり」の絵が描いてあります。この中で仲間はずれは「あ」で始まる「あくび」なので「あくび」の絵に○をつけると正解になります。このように、仲間はずれの言葉を選んで○をつけてください。

〈時間〉　各15秒

〈解答〉　①テントウムシ　②ドーナツ　③オニギリ　④シマウマ　⑤クジラ

［2020年度出題］

学習のポイント

言葉の音に関する出題ですが、内容は難しいものではありません。選択肢に描いてあるものの言葉の頭音が１つだけ異なるものを探すという単純なものです。当校ではほとんどの場合、例題で「問題をどのように考えるか」まで説明されるので、何を聞かれているかわからないということもないでしょう。また、それほど難しい言葉も出題されないので、絵が何を表しているのかを理解できないということもないはずです。注意するとすれば、そのものの呼び名が家庭や地方によって違うものが出題された場合です。例えば「ものさし」のことを広島では「さし」と呼んだりしますが、言葉の音に関する問題ではこれが原因で答えがなくなってしまう（と考える）こともあります。出題側の配慮もあるのでそういったことは少ないはずですが、保護者の方は一応頭に入れておいてください。

【おすすめ問題集】
Ｊｒ・ウォッチャー17「言葉の音遊び」、18「いろいろな言葉」、
49「しりとり」、60「言葉の音（おん）」

問題13　分野：お話の記憶／女子

〈準備〉　サインペン（青）

〈問題〉　**この問題の絵は縦に使用してください。**
お話をよく聞いて、後の質問に答えてください。

ある日の良よく晴れた夕方のことです。お父さんとみさちゃんと弟のゆうきくんは、天気がいいので、お散歩に行くことにしました。歩いていくと、どこからか風鈴の音が聞こえてきました。みさちゃんが、「風鈴、いいな」と言いながら、音のする方へ行くと、風鈴を飾っている家を見つけました。その家には、風鈴の隣にタマネギを吊るしていました。みさちゃんは、「なんで、タマネギをぶら下げているの」と、お父さんにたずねました。「タマネギを吊るしておくと、長持ちするからだよ」と、お父さんが教えてくれました。その先には、畑があり、トマトとキュウリが植えてありました。ゆうきくんが、「美味しそうだね」と、トマトに触ったので、みさちゃんは、「触っちゃだめ！」と言いました。その隣には、トウモロコシ畑がありました。みさちゃんは、トウモロコシができているのをはじめて見たので、『高いところにできるんだ』と思いました。散歩からの帰り道に、みさちゃんの顔と同じくらいの大きさで、真ん中には、たくさんの種がある花がありました。ゆうきくんが「大きいタンポポ！」と言ったので、お父さんとみさちゃんは、「まだ２歳だからわからないね」と言って、笑いました。家に帰ったら、お母さんが、みさちゃんの大好きなハンバーグとみそ汁と、畑で見た野菜が全部入っているサラダを作ってくれていました。みさちゃんは、トマトが嫌いでしたが、食べてみるととても美味しく感じました。「あら、トマト食べられるじゃない。すごいわね」と、お母さんが褒めてくれました。

（問題13の絵を渡す）
①このお話の季節はいつですか。同じ季節の絵を選んで○をつけてください。
②散歩の途中に聞こえてきたのは何の音ですか。選んで○をつけてください。
③みさちゃんの見たタマネギは、どのようになっていましたか。選んで○をつけてください。
④みさちゃんの弟が畑で触ったものに○をつけてください。
⑤散歩の帰り道で見た花に○をつけてください。
⑥お母さんが作ってくれたサラダに入ってないものに○をつけてください。
⑦帰ってから食べたものに○をつけてください。

〈時間〉　各10秒

〈解答〉　①左端（海水浴：夏）　②右端（風鈴）　③左から２番目　④左端（トマト）
⑤右から２番目（ヒマワリ）　⑥左から２番目（ブロッコリー）
⑦左端（ハンバーグ）、右端（みそ汁）

［2020年度出題］

学習のポイント

お話の記憶の問題のお話としては比較的長文です。こうした問題は「『誰が』『何を』『～した』といったお話のポイントをおさえる」「お話の場面を想像しながら聞く」といった基本が守れていないと、スムーズに答えるのが難しくなります。お話を丸暗記するわけにはいきませんから、1枚の絵のように場面を思い浮かべるようにお話の場面をイメージしてみましょう。まず「お父さんとみさちゃんと弟のゆうきくんが散歩に行く」というイメージを描いて、次に「みさちゃんが風鈴の音を聞いてその音のする方に寄っていく」というイメージを描くといった形です。これを繰り返せば、情報が自然に整理され、細部を含めたお話の内容が記憶に残るようになります。「うちの子は記憶力が足りないからこういった問題は苦手」という話を保護者の方からよく聞きますが、記憶力そのものを鍛えようとしてもなかなか結果は出ません。むしろ、お子さまに合った記憶しやすい方法を考え、その練習を重ねさせると早く成果が出ます。

【おすすめ問題集】

1話5分の読み聞かせお話集①・②、お話の記憶問題集 初級編・中級編・上級編、Ｊｒ・ウォッチャー19「お話の記憶」

問題14　分野：推理（系列）／女子

〈準備〉　サインペン（青）

〈問題〉　**この問題の絵は縦に使用してください。**

かくれんぼをした時、「？」のマスに隠れている動物を選ぶ問題です。

・タヌキさんとブタさんは、仲良しなので隣り合ったマスに隠れます。

・タヌキさんとキツネさんは、仲が悪いのでので隣り合ったマスには隠れません。

・ネコさんは、みんなが好きだからどの動物の隣に隠れても大丈夫です。

・ウシさんは、いつも鬼です。

１番上の段を見てください。ウシさんは鬼で、ネコさんが右端に隠れているので、残り３つのマスにはブタさん、タヌキさん、キツネさんのうちの誰かが隠れています。タヌキさんとキツネさんは隣りあったマスに隠れないので左端か右から２番目のマスに隠れることになります。なので残った「？」のマスに隠れられるのはブタさんだけとなり、「？」のマスに隠れているのはブタさんということになります。このように「？」に隠れている動物を選んで○をつけてください。

〈時間〉　各30秒

〈解答〉　①ブタ　②キツネ　③ネコ　④ブタ　⑤キツネ　⑥ブタ　⑦タヌキ

［2020年度出題］

学習のポイント

あまり見かけない問題です。系列の問題としたのは、法則にしたがって動物が並ぶからですが、指定の場所に並べるという意味では、座標（もしくは座標の移動）問題ともとれますし、約束事があることに注目すれば置き換えの問題とも言えるでしょう。問題の分類はともかく、この問題を解く上でポイントになるのは「タヌキとキツネは隣り合ったマスに隠れない」という条件です。この条件で最終的に動物がどこに隠れるかが決まるからですが、順を追って考えないとこの条件がカギになっていることにも気付けません。幸い例題でどのように考えるかは説明されているので、戸惑うことはないと思います。しかし、解き方、考え方の説明がなければお子さまには解くのが難しいと言えるほど、思考力が要求される問題です。当校では時折こうした問題が出題されるので、例題の説明は集中して聞きましょう。

【おすすめ問題集】
Ｊｒ・ウォッチャー６「系列」、31「推理思考」

問題15　分野：図形（図形の構成）／女子

〈準備〉　サインペン（青）

〈問題〉　この問題の絵は縦に使用してください。
左端の形を３つ使ってできない形を右の四角から選ぶ問題です。１番上の段を見てください。右の四角の左端の形を点線（点線を指しながら）で分けると、左と上には左端の形がありますが、右は□が１つ足りないので、これが答えになります。このように左の四角の形を使ってできない形をほかの問題でも選んで○をつけましょう。
※実際の試験では、先生が１番上の段の選択肢を指さしながら例題を説明。

〈時間〉　①～③各20秒　④～⑧各30秒

〈解答〉　①右端　②右端　③右から２番目　④左端　⑤左から２番目　⑥右端
⑦左から２番目　⑧右から２番目

［2020年度出題］

学習のポイント

パズルの問題です。図形パズルの１つのピースとして左端の形をとらえ、選択肢の形をピースごとに分割していくという方法がわかりやすいと思います。例題の説明にあるように、例題なら３つの「ロ」という見本の形が選択肢の中にいくつあるかを考えるわけです。⑧を除けばどのパズルの部品も回転や反転はしていないので、そのままの形で選択肢を分けていけばやがて答えが出ます。とはいえ、こうした図形パズルに慣れていなければ、まごついてしまうのは当然です。タングラムのような図形パズルにある程度は慣れておいた方が、答えは早く出せるでしょう。繰り返しになりますが、例題でどのように考えるかも説明されているので、説明を集中して聞いてください。最もスマートな解き方を教えてくれます。

【おすすめ問題集】
Ｊｒ・ウォッチャー３「パズル」、54「図形の構成」

問題16　分野：言語（しりとり）／男子

〈準　備〉　サインペン（青）

〈問　題〉　**この問題の絵は縦に使用してください。**
まずは練習問題をしましょう。１番上の段を見てください。しりとりになるように、「？」に当てはまる絵を右から見つけて○をつけてください。「リンゴ」の「ゴ」で始まるものと「ラッパ」の「パ」で始まるものを下から探すと、「ゴリラ」と「パンダ」があるので○をつけます。
このようにほかの問題にも答えてください。

〈時　間〉　各20秒

〈解　答〉　①ゴマ、リス　②トケイ、カブ　③ブランコ、パイナップル
④イチョウ、カーネーション　⑤スイカ、メダカ　⑥キツツキ、キ（木）
⑦スベリダイ（滑り台）、イルカ　⑧カブトムシ、シマウマ

［2020年度出題］

学習のポイント

しりとりの問題です。こういった問題が苦手というお子さまには２つのパターンがあります。１つは、描いてあるイラストが何を表しているのかわからないというパターン。これは、単純に語彙・知識が少ないということなので、言葉カードやブロックを使った学習やしりとりなどの言葉遊びを数多く行うことで解消できます。次に語彙がないというよりは、言葉の音に関する認識が薄いパターン。しりとりは最後の音さえわかればよいのでいくぶんマシですが、言葉はいくつかの音で構成されているという概念を把握しきれていないので、「この言葉の音は…」と言われるとよくわからなくなってしまうのです。これは学習量が足りないというよりは、言葉を声に出す機会が少ないのかもしれません。保護者の方は学習だけでなく、お子さまの言葉を聞く・話す機会を設けるようにしてください。

【おすすめ問題集】
Ｊｒ・ウォッチャー17「言葉の音遊び」、18「いろいろな言葉」、49「しりとり」、60「言葉の音（おん）」

問題17　分野：お話の記憶／男子

〈準備〉　サインペン（青）

〈問題〉　**この問題の絵は縦に使用してください。**
お話をよく聞いて、後の質問に答えてください。

今日は、さとしくんが１人でお家の留守番をする日です。さとしくんは、お腹がすいたので、『そうだ。おやつを食べよう』と思って、キッチンへ行きました。お母さんには内緒で、クッキーとチョコレートを食べました。その後、野球の練習をしようと思って庭に出ました。ふだんはお兄ちゃんとバットの取り合いになりますが、今日はさとしくん１人なので、すぐに練習を始められました。バットを振ると、お兄ちゃんが育てているパンジーが倒れてしまいました。さとしくんは、バットが当たったせいだと思って、お兄ちゃんにばれないようにこっそり隠そうと思いました。そして、お兄ちゃんが雑草を抜くお手伝いをお母さんから頼まれていたのを思い出して、お兄ちゃんの代わりにやってあげました。次は、折り紙でトンボを折りました。うまく作れたので、２階のベランダに行って飛ばしました。トンボは庭に向かって落ちて、庭に干している洗濯物に当たってしまい、洗濯物が倒れてしまいました。さとしくんは慌てて庭に行き、洗濯物を取り込みました。すると、庭にいるイヌのクロがさとしくんに近づいてきて、家の中に入りたそうにしていたので、入れてあげることにして、リビングに入りました。暑くなってきたさとしくんは、冷蔵庫にアイスクリームがあったのを思い出しました。冷蔵庫から取る時に、ボウルの中に入っていたジャガイモがボロボロと落ちてしまいました。ジャガイモの土で床が汚れたので、さとしくんは雑巾で拭きました。落ちたジャガイモは、ボウルの中に入れて洗い始めました。その時、お母さんとお兄ちゃんが帰ってきました。家の中に入ると、ジャガイモの土がついた床を踏んだクロの足跡がいっぱいあったので、お母さんとお兄ちゃんは、「わあ」と言いました。そして、お兄ちゃんに、「雑草を抜いてくれてありがとう」お母さんに、「洗濯物をたたんでくれてありがとう」と言ってもらって、さとしくんは、うれしくなりました。夜ごはんには、さとしくんが一生懸命洗ったジャガイモのサラダとコロッケを食べました。『とても美味しかったので、また食べたいな』と思いました。

（問題17の絵を渡す）
①さとしくんが飼っている生きものはどれですか。選んで○をつけてください。
②おやつに食べたもので正しい組み合わせはどれですか。選んで○をつけてください。
③さとしくんが冷蔵庫から出したおやつは何ですか。選んで○をつけてください。
④さとしくんがおやつを出した時に冷蔵庫から落ちたものは何ですか。選んで○をつけてください。
⑤パンジーに当たったものは何ですか。選んで○をつけてください。
⑥さとしくんが折り紙で作ったものは何ですか。選んで○をつけてください。
⑦お母さんとお兄ちゃんが驚いたものは何ですか。選んで○をつけてください。
⑧夜ごはんに食べたものは何ですか。選んで○をつけてください。

〈時間〉　各10秒

〈解答〉　①左から２番目　②左端　③左から２番目　④左端
⑤右から２番目　⑥左から２番目　⑦右から２番目　⑧右端

［2020年度出題］

学習のポイント

お話に沿った内容の出題ばかりですからスムーズに答えられたのではないでしょうか。問題数は多いですが、お話の流れに沿って出来事を整理していれば戸惑うところはないはずです。従来であれば、お話の季節を問う問題や登場したものの数や特徴を聞く問題がありましたが、この問題ではそういった質問もありません。こうした問題はほとんどの志願者が正解してしまうので、間違うとかなりのマイナスになってしまいます。合否を分けるポイントになりかねないので、ケアレスミスや勘違いには注意しましょう。なお、お話の内容としては日常の１コマを切り取ったものが多く、家族が登場人物であることがほとんどです。また、兄弟姉妹が登場することが多いので、もし志願者が一人っ子の場合は、その空気感のようなものがわかっていないことがあるかもしれません。このようなお話でもよいですし、物語でもよいでしょう。兄弟姉妹との関係、日常でどのようなことを話すのかを学んでおくと、スムーズにお話が聞けるかもしれません。

【おすすめ問題集】

１話５分の読み聞かせお話集①・②、お話の記憶問題集 初級編・中級編・上級編、Ｊｒ・ウォッチャー19「お話の記憶」

問題18　分野：推理（系列）・図形（回転図形）／男子

〈準備〉　サインペン（青）

〈問題〉　**この問題の絵は縦に使用してください。**
決まりを見つけて、「？」の四角にどの形が入るかを選ぶ問題です。１番上の段を見てください。左端の形から黒いマスが１つずつ、右斜め下に増えているのがこの段の決まりです。そうすると「？」に入るのはその下の四角にある真ん中の形だということがわかります。その四角に○をつけて答えます。このようにほかの問題も答えてください。
※図を指しながら例題を説明する。

〈時間〉　各30秒

〈解答〉　①左から２番目　②右端　③左端　④左から２番目　⑤真ん中
⑥右から２番目　⑦真ん中　⑧右端

［2020年度出題］

学習のポイント

当校の推理分野では、あまり他校では見かけない、工夫された問題が出題されます。例題の説明をよく聞き取って、理解した上で答えましょう。①～⑥は系列のお約束が記号の変化などではなく、黒いマス目の数や並びの変化になっているという応用問題です。例題でも説明されていますが、「黒いマスが～の方向に～つずつ増え（減って）ていく、移動する」という形になっているのです。説明がないとお子さまには見つけにくいパターンかもしれません。タネを明かされた後なら感覚的に答えられるでしょうが、できれば選択肢を見ることなく、次にどのような変化をするのかがわかるようにしてください。選択肢が多く、それぞれの見分けがつきにくいという理由もありますが、系列の問題は法則を自分で発見して、それにしたがって次の変化を考えるというのが本来の趣旨だからです。⑦⑧も、記号の位置変化がお約束になっているという応用問題です。かなり難しい問題なので、よく考えてから答えるようにしましょう。

【おすすめ問題集】

Ｊｒ・ウォッチャー６「系列」、31「推理思考」、46「回転図形」

問題19　分野：図形（重ね図形）／男子

〈準　備〉　サインペン（青）

〈問　題〉　**この問題の絵は縦に使用してください。**
１番上の段を見てください。左側の２つの形は透明な紙に書かれています。この２つの形を重ねると、どのような形になるでしょうか。このようになるので答えはこれになります（右の四角の左から２番目の図を指す）。
※ここまで透明のアクリル板を塗ったものと、イラストを見ながら説明。
次に上から２番目の段を見てください。同じように左側の３つの形を重ねるとどのような形になるでしょうか。答えは左端の形なので○をつけます。
このようにほかの問題にも答えてください。

〈時　間〉　①～③各20秒　④～⑧各30秒

〈解　答〉　①右から２番目　②右端　③左端　④左から２番目　⑤右から２番目
⑥左端　⑦真ん中　⑧右

［2020年度出題］

学習のポイント

図形分野の問題では、図形１つひとつの形を認識する力と、重ねたり、動かしたりした後の形を想像する力が観られています。まずは図形を観察して特徴をつかみ、操作した後の形を思い浮かべる練習を繰り返してください。パズルや積み木などで確認したり、イラストやクリアファイルに描いた形を動かしてみたりして、具体的、視覚的に学習する方法が効果的です。ここでは重ね図形の問題がオーソドックスな形で出題されています。慣れていれば別ですが、いきなり全体を重ねるのではなく、十字に４分割した図形を重ねると考えればわかりやすくなります。①は図をそのように重ねると、たまたま左上は白、右上は黒…とにきれいに別れます。この考え方だと、途中でも矛盾している選択肢を消せるので早く答えが出せることがあります。２番目の例題のように３枚の紙を重ねる問題は、一度に考えると混乱するかもしれないので、段階を踏んで考えてください。１枚重ねるとこうなって、２枚重ねると…と考えた方が確実です。

【おすすめ問題集】

Ｊｒ・ウォッチャー35「重ね図形」

問題20　分野：口頭試問／男女

〈準備〉　くだもの（女子）または、車（男子）の絵が描かれたカード
※問題20の絵を参考にしてカードを机の上に並べておく。

〈問題〉　**この問題は絵を参考にしてください。**
呼ばれたら、先生のところに行き、机の上に並べてあるカードから好きなものが描いてあるカードを２枚選んでください。選んだ後、なぜ好きなのかも言ってください。

〈時間〉　適宜

〈解答〉　省略

［2020年度出題］

学習のポイント

形式は変わりますが、カードを使った行動観察は数年続けて行われています。観点は、カードを選んだ理由を伝えられるか、つまり、自分の言いたいことを人に伝えられるかということです。当然、どのカードを選んでもよいですし、どんな理由で選んでもかまいません。守らなければならないのは、「～だから」と質問に沿った形の答えをすることだけです。ご家庭で練習する時も、正解の基準は「面識のない人に伝わるかどうか」にしてください。ほかのことは気にせず、家庭内でしか使わない言い回しなどがあればあらためる、といった細かい修正にとどめてください。その方がお子さまなりの個性が表現につながります。なお、人前で話をするのが苦手というお子さまは、家庭で練習するより、公園など不特定多数の人がいる場所で行ってみてください。関係ない人でも、人が目の前にいればそれなりに慣れていくものです。

【おすすめ問題集】

新口頭試問・個別テスト問題集、新ノンペーパーテスト問題集
Ｊｒ・ウォッチャー29「行動観察」

問題21　分野：行動観察／男女

〈準備〉　スモック、リボン、Ａ４サイズ程度の紙、塗り絵、折り紙、カルタ、お手玉など

〈問題〉　この問題の絵はありません。

①【男子】スモック片付け／スモックのボタンを全部留めてください。できたら、今度は脱いではじめのように置いてください（または、たたまないでいいですよ）。

【女子】リボン結び／先生がリボンを首にかけてくれた後、お手本を見せてくれる。「はい、始め」の合図でリボン結びをしてください。

②紙折り／先生のお手本通りに紙を折ってください。

③片足立ち／先生が見本を見せます。「カカシのように立ちましょう」と説明がある。

④ケンパー

⑤自由遊び／塗り絵、折り紙、カルタ、お手玉など

〈時間〉　適宜

〈解答〉　省略

[2020年度出題]

学習のポイント

巧緻性、運動、自由遊びなど、いくつもの課題を通じての行動観察になります。行動観察はどんな課題をするのかということにさほど意味はありません。リボン結びがきれいにできることよりも、「始め」の合図を守る方が大切なのです。学校の立場になって考えてみてください。「リボンをきれいに結べるけどルールを守れない子」と「リボンはきれいに結べないけどルールを守れる子」のどちらかを選ぶとしたら、当然後者ということになると思います。極端な例かもしれませんが、行動観察とはそういうものだということを保護者の方は理解しておいてください。ペーパーテストにおいては、出題の傾向を知って対策することは非常に重要なことです。ただ、行動観察では小手先の対策というよりも、志願者の本質的な部分が大切になってきます。そうした意味では、お子さまというより、保護者の方の躾が観られているとも言えるのです。

【おすすめ問題集】

新 口頭試問・個別テスト問題集、新 ノンペーパーテスト問題集

Ｊｒ・ウォッチャー25「生活巧緻性」、29「行動観察」

問題22　分野：保護者面接

〈準 備〉　なし

〈問 題〉　**この問題の絵はありません。**

・お子さまはどんなお子さまですか。
・入学したら、どんなことをがんばらせたいですか。
・学校に期待することはありますか。
・合格した場合、入学してもらえますか。
・本校は第一志望ですか。
・本校を希望された理由をお聞かせください。
・ご家庭での教育方針をお聞かせください。
・最近、お子さまを褒めたことはありますか。
・お家で大切にしていることは何ですか。
・ご家庭の教育方針は何ですか。
（掘り下げる形で）
具体的に教えていただけますか。
方針通りにいかない時はどのようにされますか。

〈時 間〉　５分程度

〈解 答〉　省略

［2020年度出題］

学習のポイント

校長（教頭）先生との１対１の保護者面接のスタイルです（ほかに書記の先生あり）。家庭の教育方針について、掘り下げた質問をされるので、ご家庭の教育方針をしっかりと話せるようにしておきましょう。基本的な質問が多く、志願理由や入学意志の有無に関する質問を通して、どうして当校に入学したいのか、お子さまが集団生活を行っていけるだけのコミュニケーション力を身に付けさせているのかなどがポイントとなっています。特徴的な質問があるわけではないので、特別な対策が必要というわけではありませんが、「本校に合格したら入学してもらえますか」「本校が第１志望ですか」といった、併願している人にとっては、少し答えにくい質問がされることもあるようです。

【おすすめ問題集】
新 小学校受験の入試面接Ｑ＆Ａ、保護者のための面接最強マニュアル

問題12

①

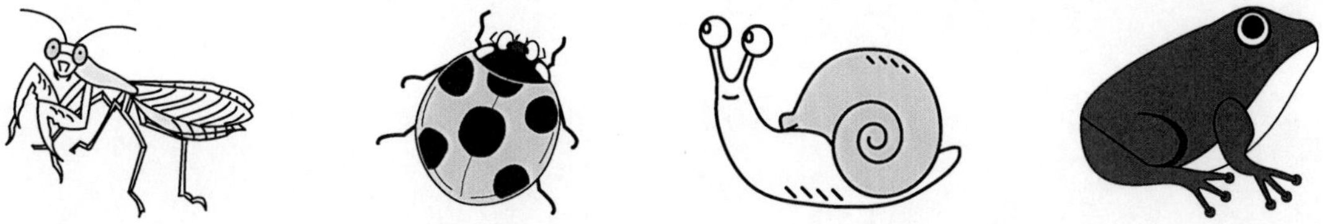

②

③

④

⑤

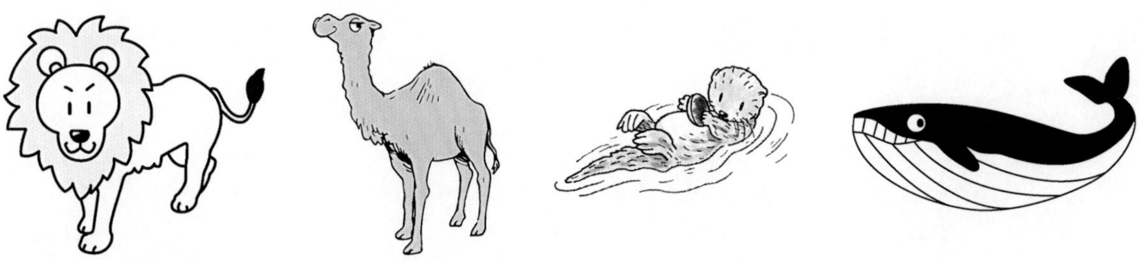

☆安田学園安田小学校

日本学習図書株式会社

問題13

①

②

③

④
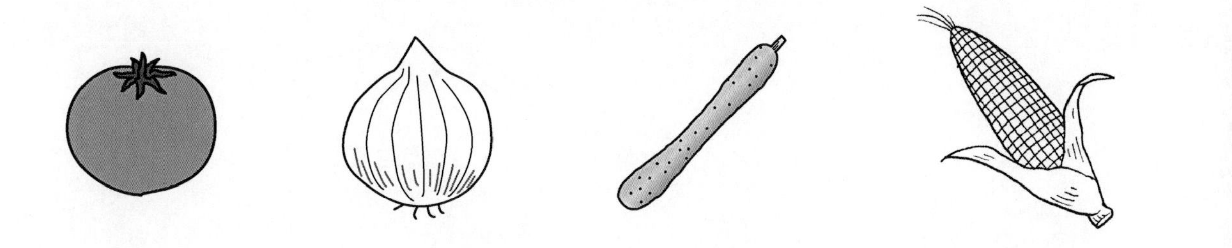

⑤

⑥
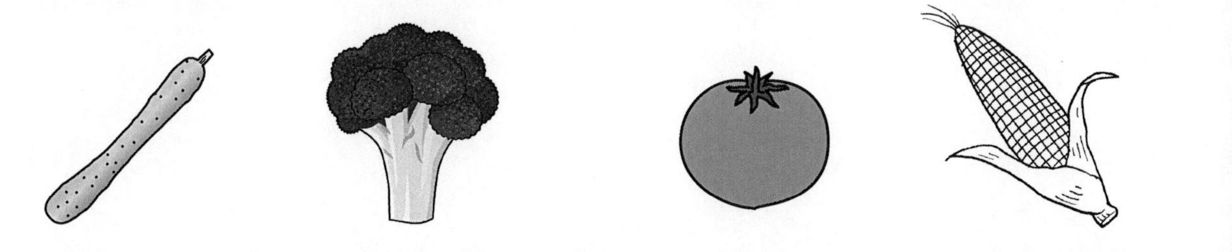

⑦

☆安田学園安田小学校

日本学習図書株式会社

☆安田学園安田小学校

問題１４

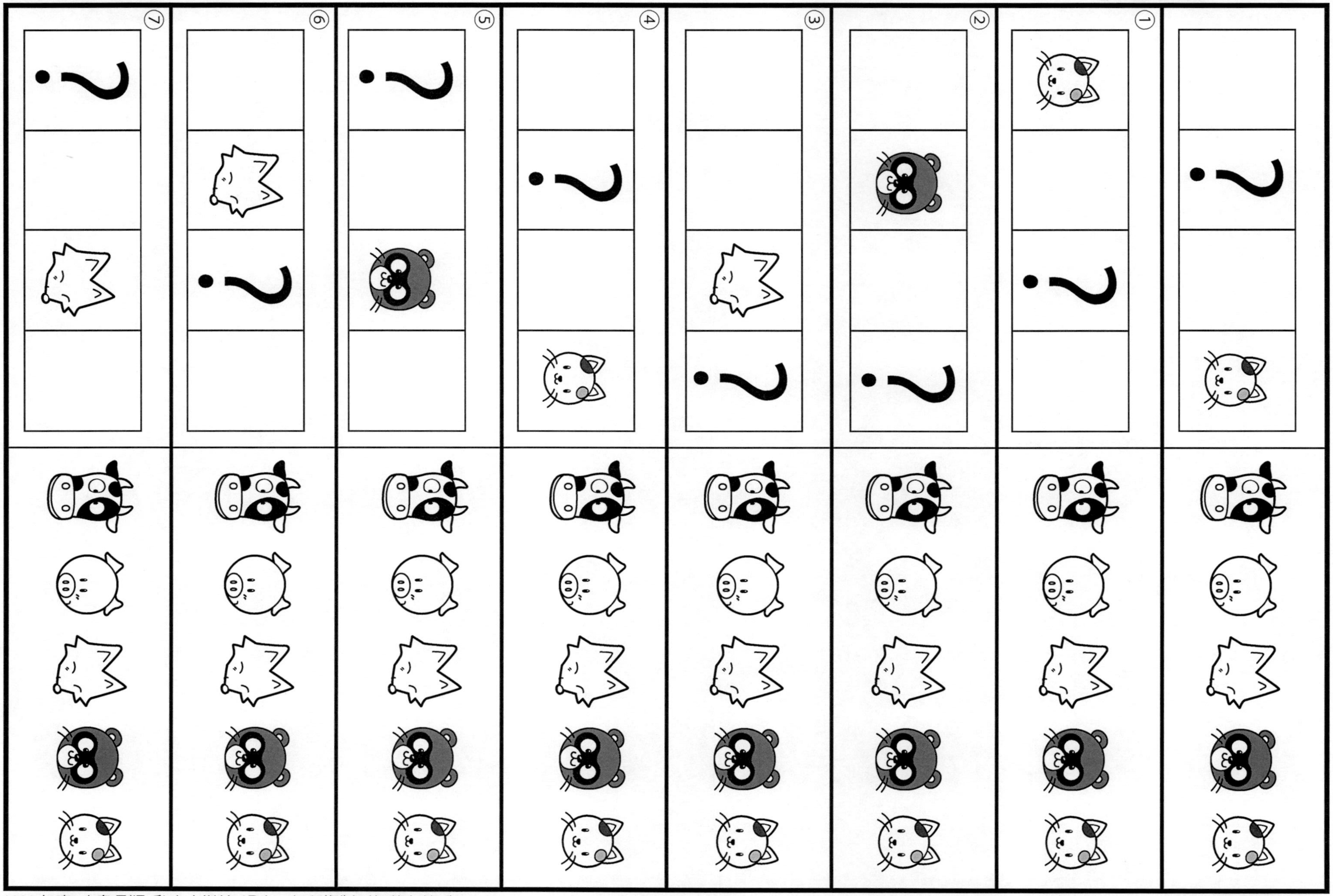

②

③

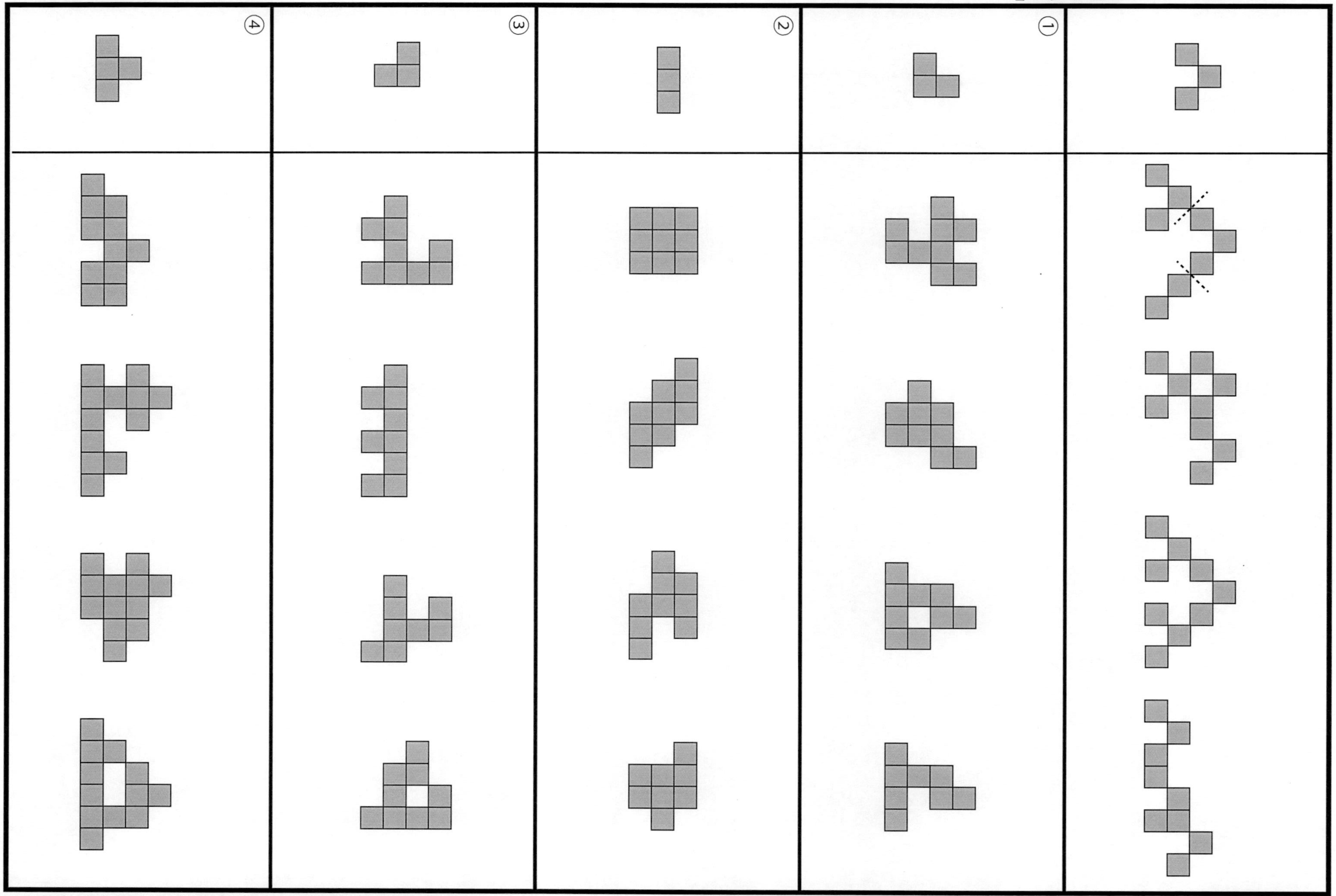

問題１５－２

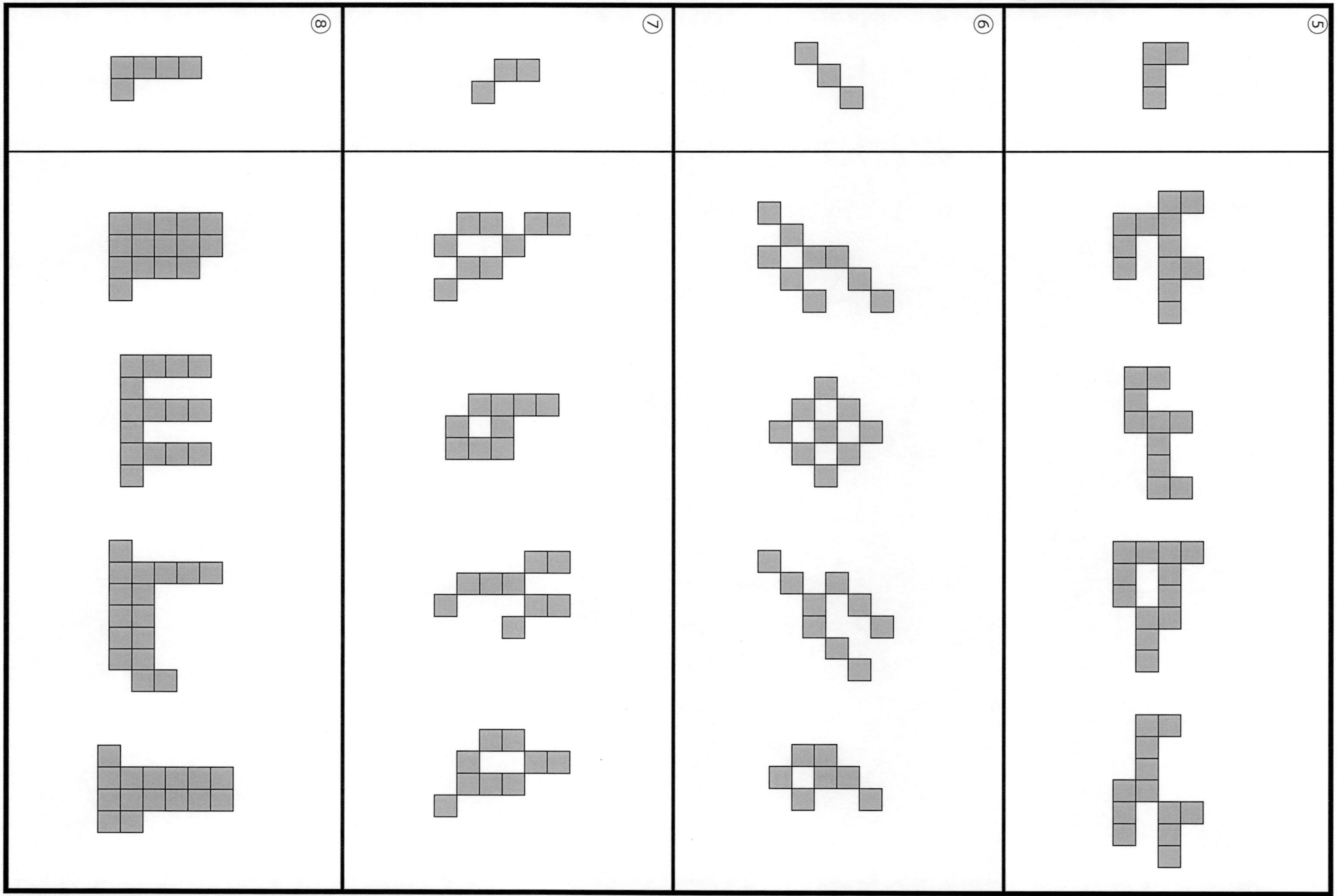
⑤
⑥
⑦
⑧

問題16−1

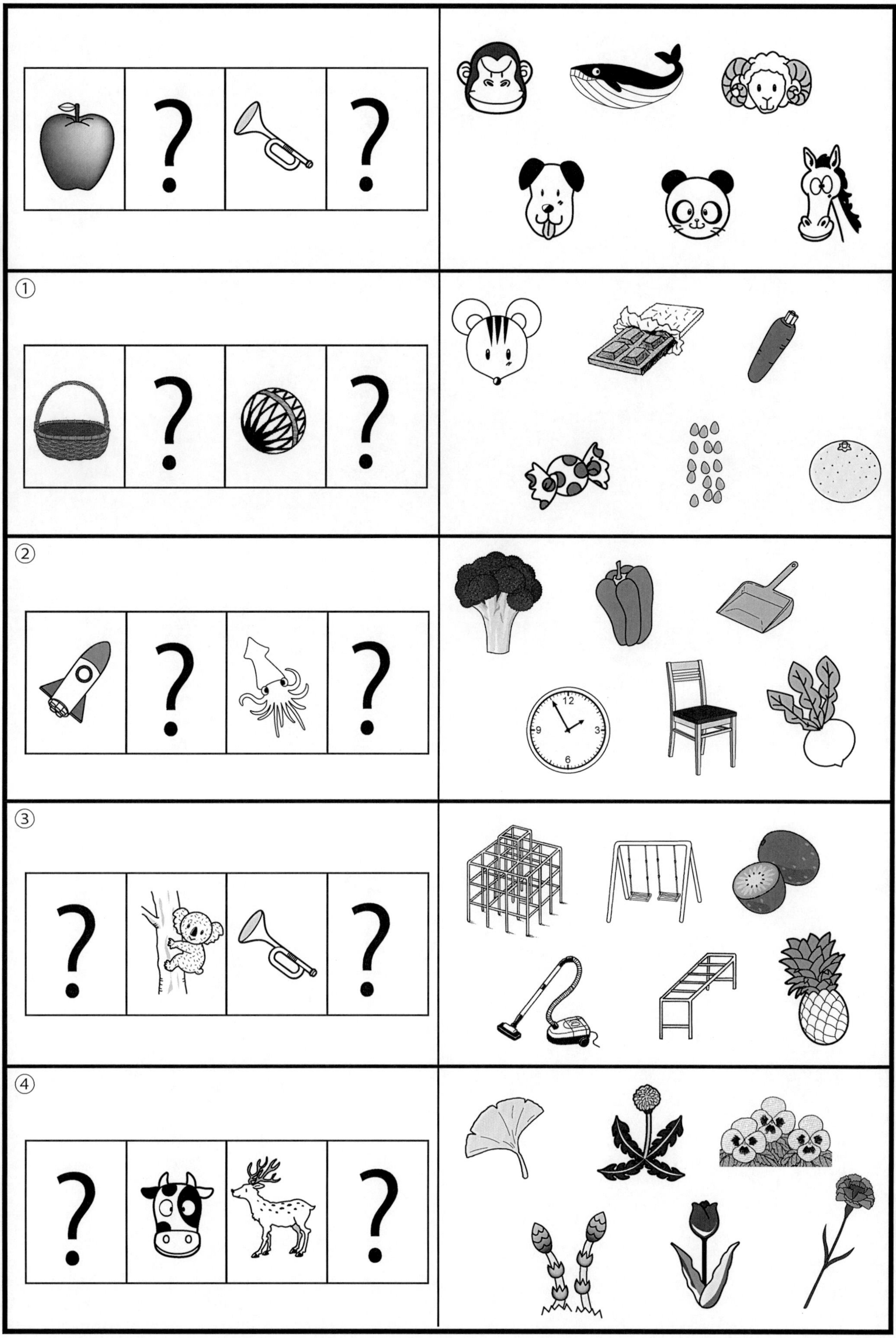

問題16－2

⑤

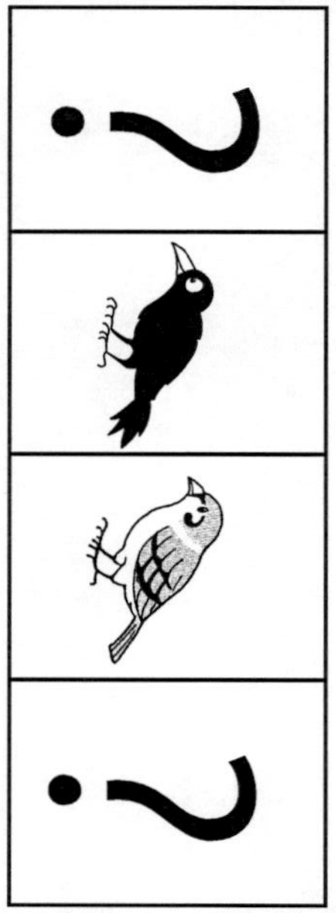

⑥

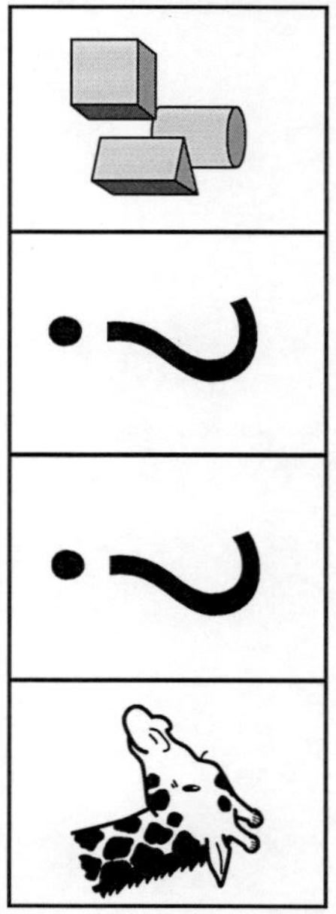

⑦

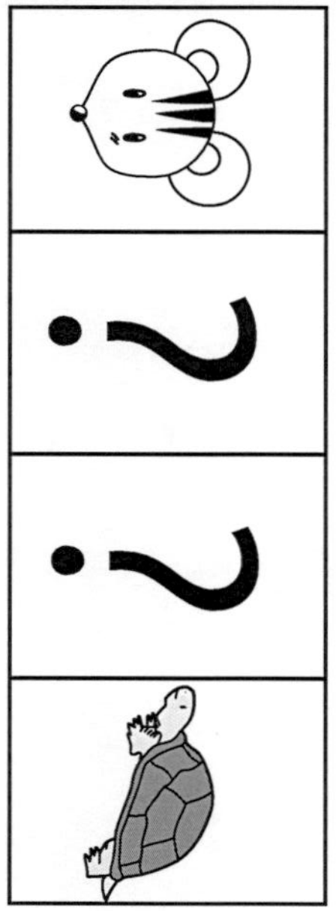

⑧

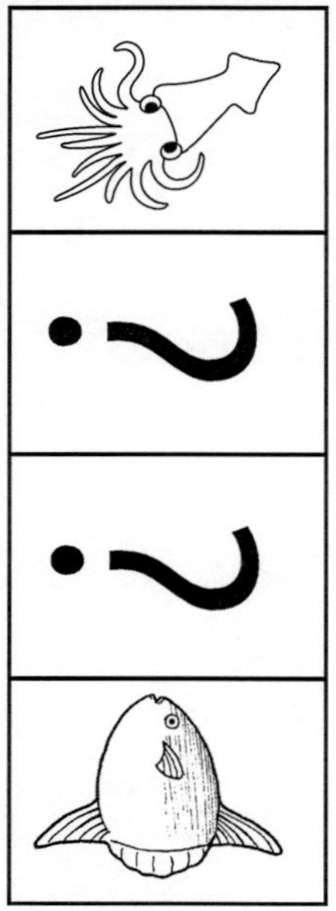

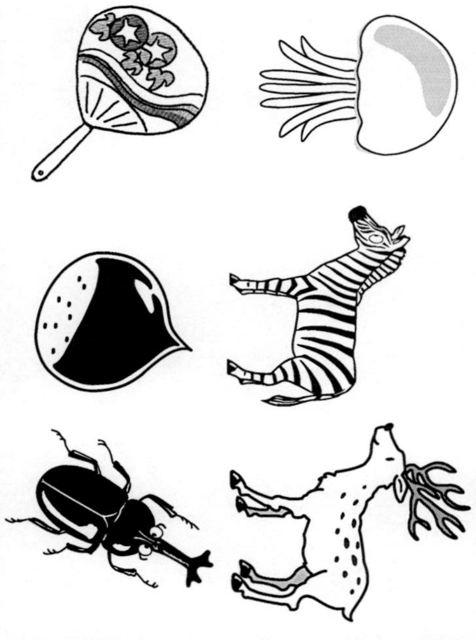

日本学習図書株式会社

問題１７

☆安田学園安田小学校

①

②

③
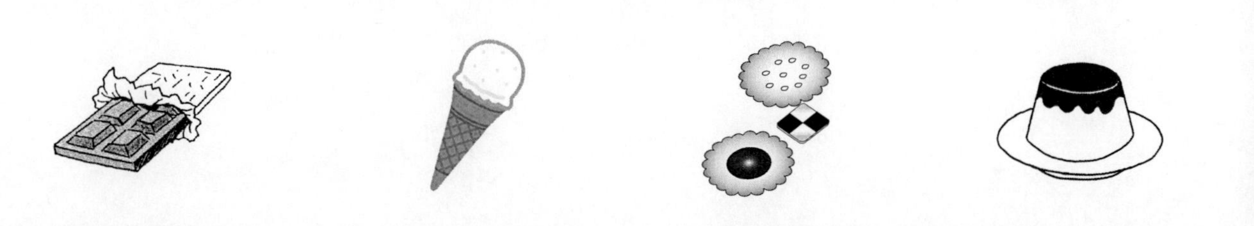

④
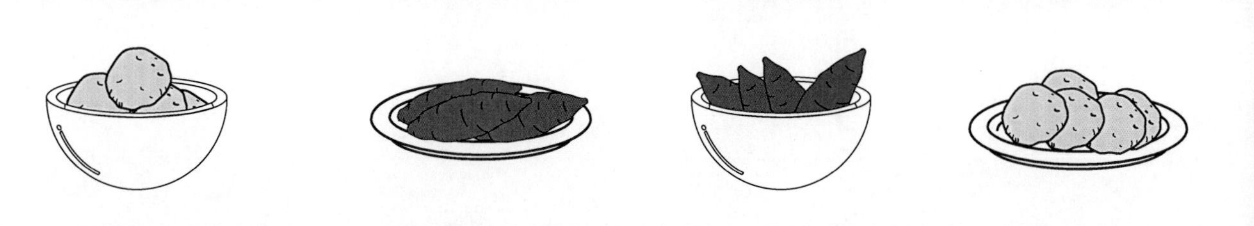

⑤

⑥

⑦

⑧
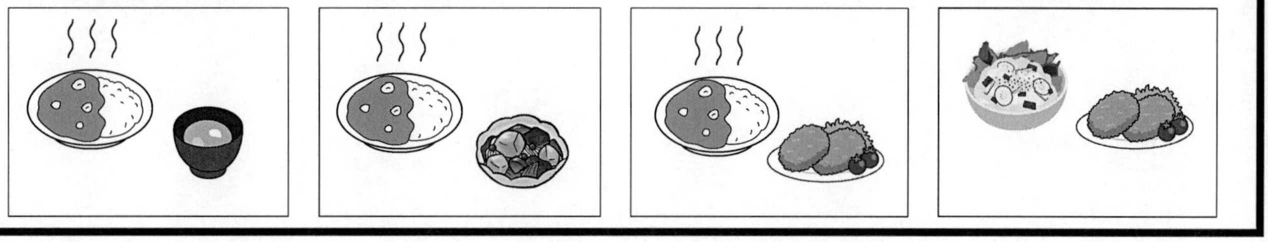

☆安田学園安田小学校

問題18－1

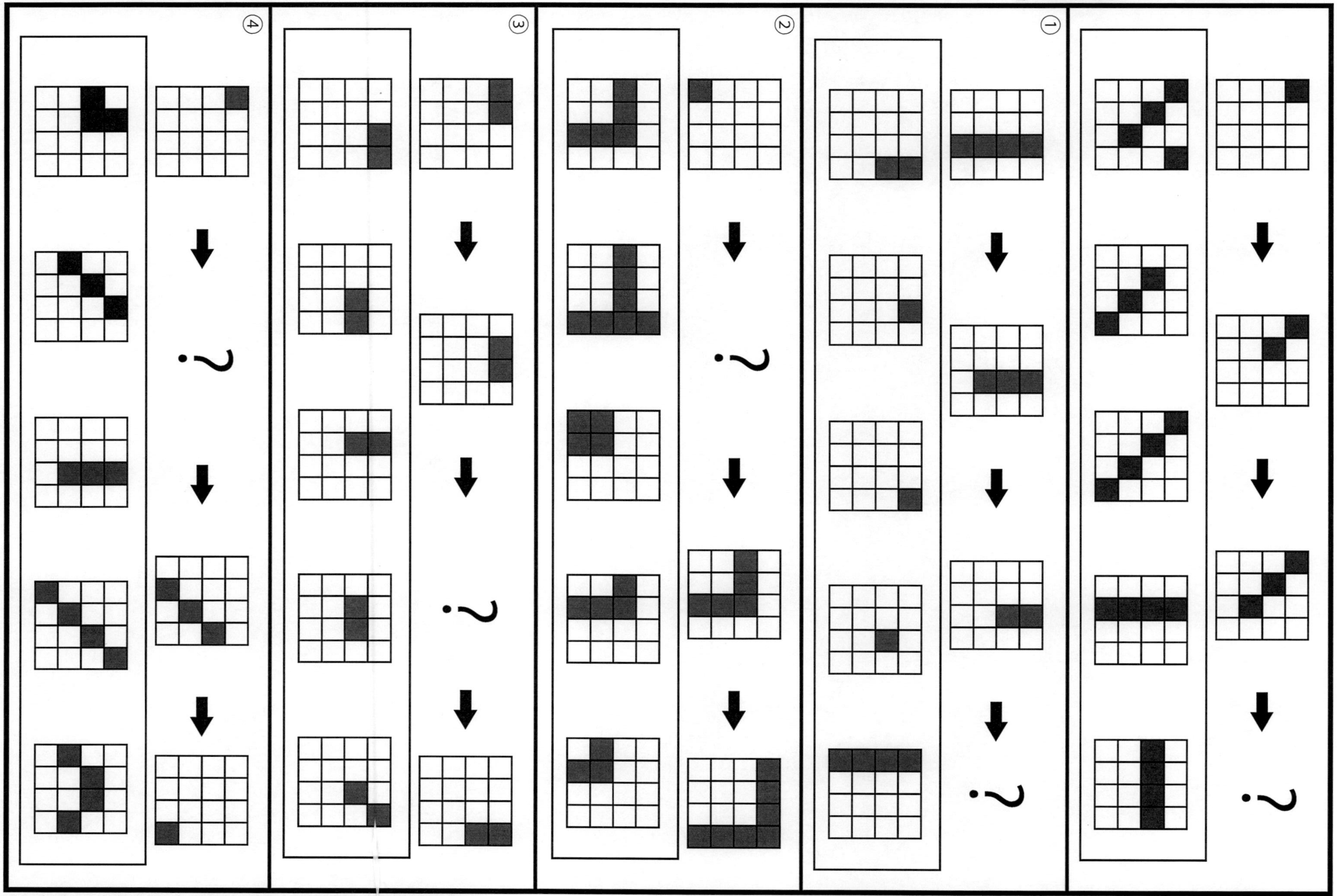

日本学習図書株式会社

問題18－2

⑤

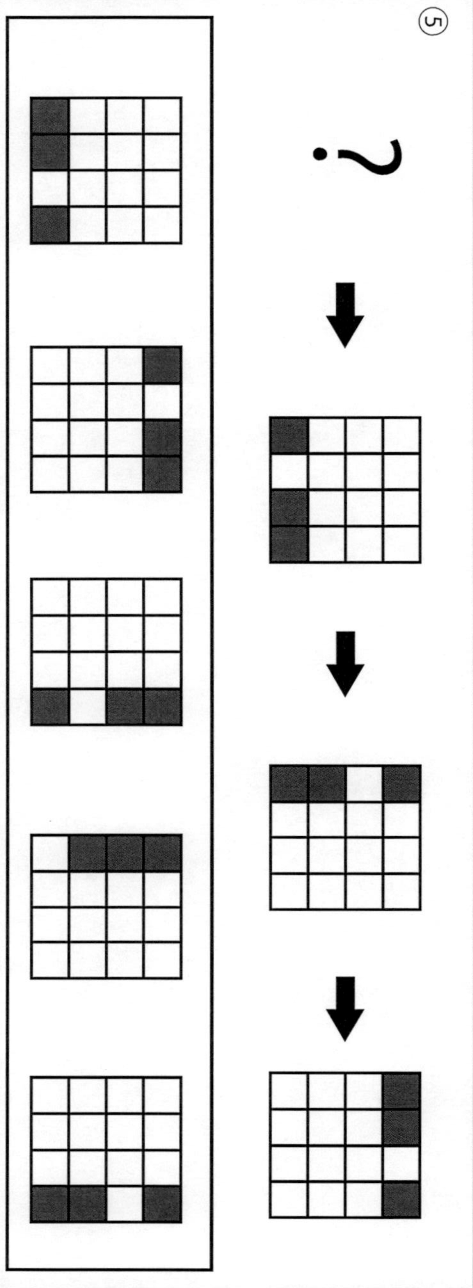

⑥

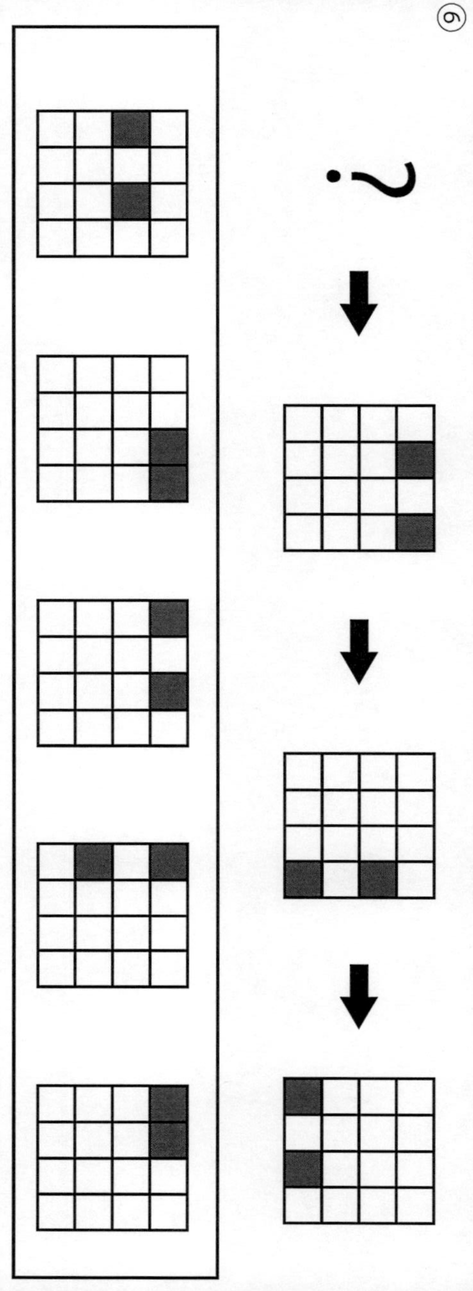

⑦

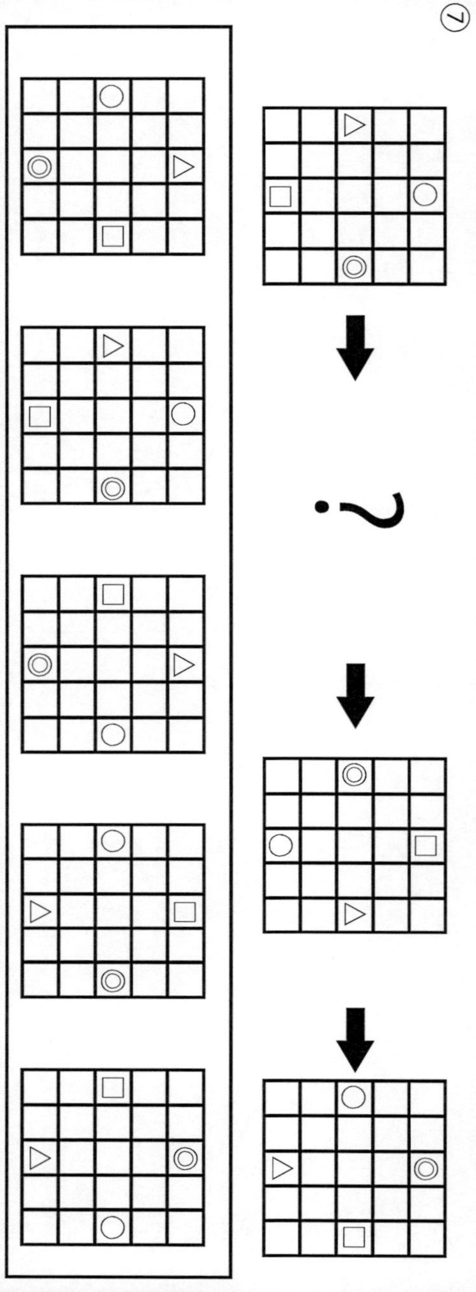

⑧

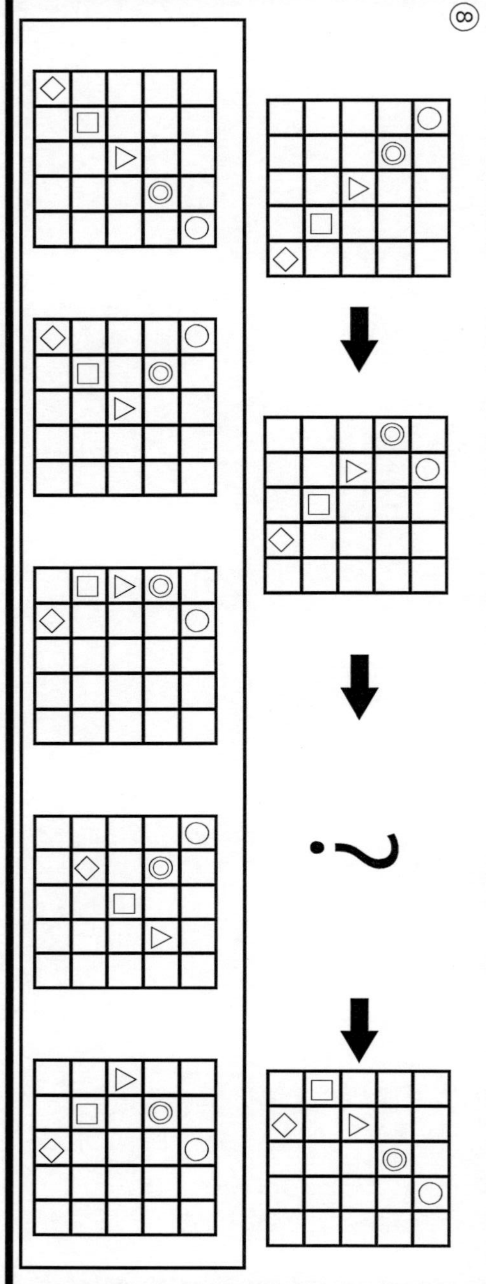

日本学習図書株式会社

問題19－1

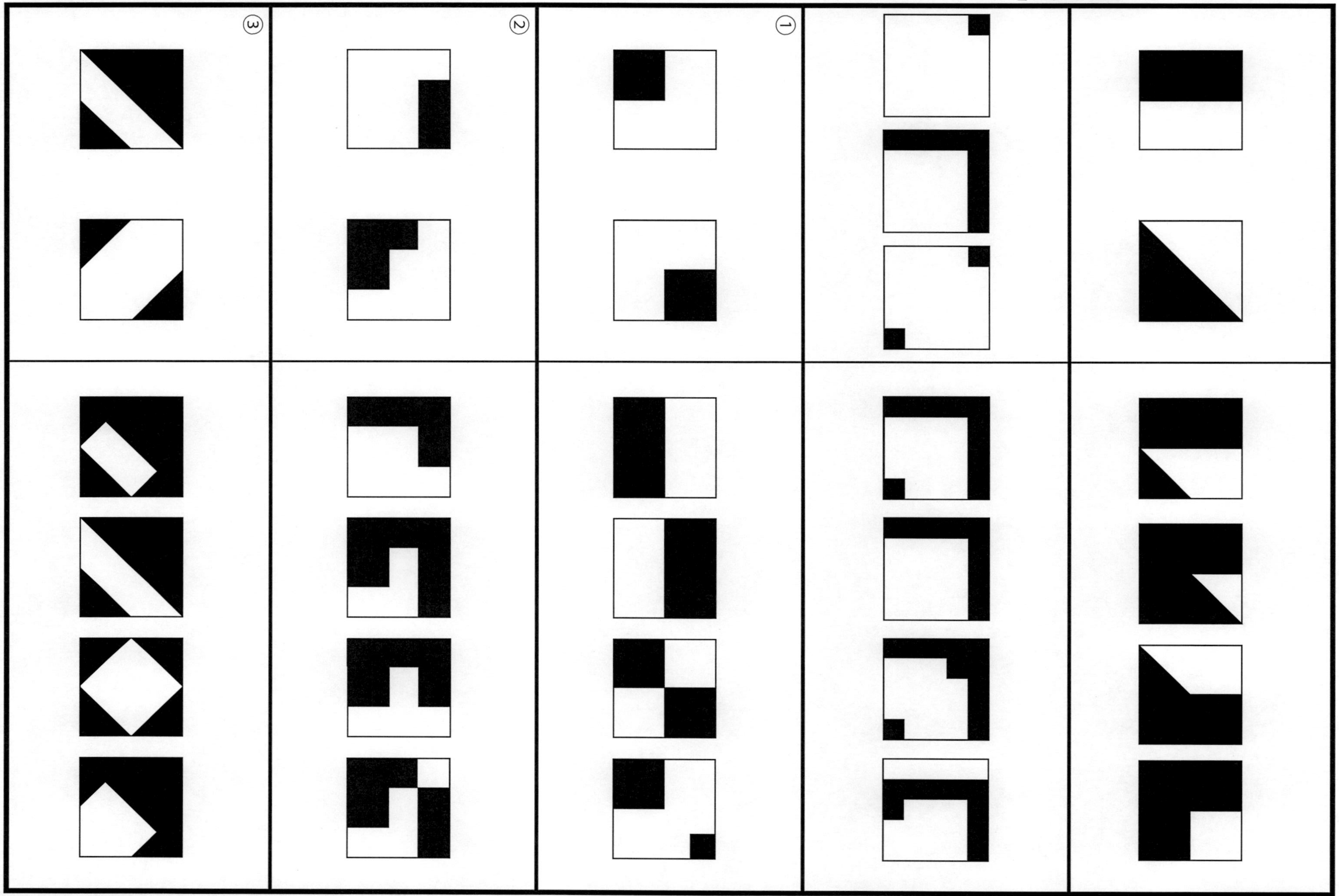

⑥

⑦

⑧

日本学習図書株式会社

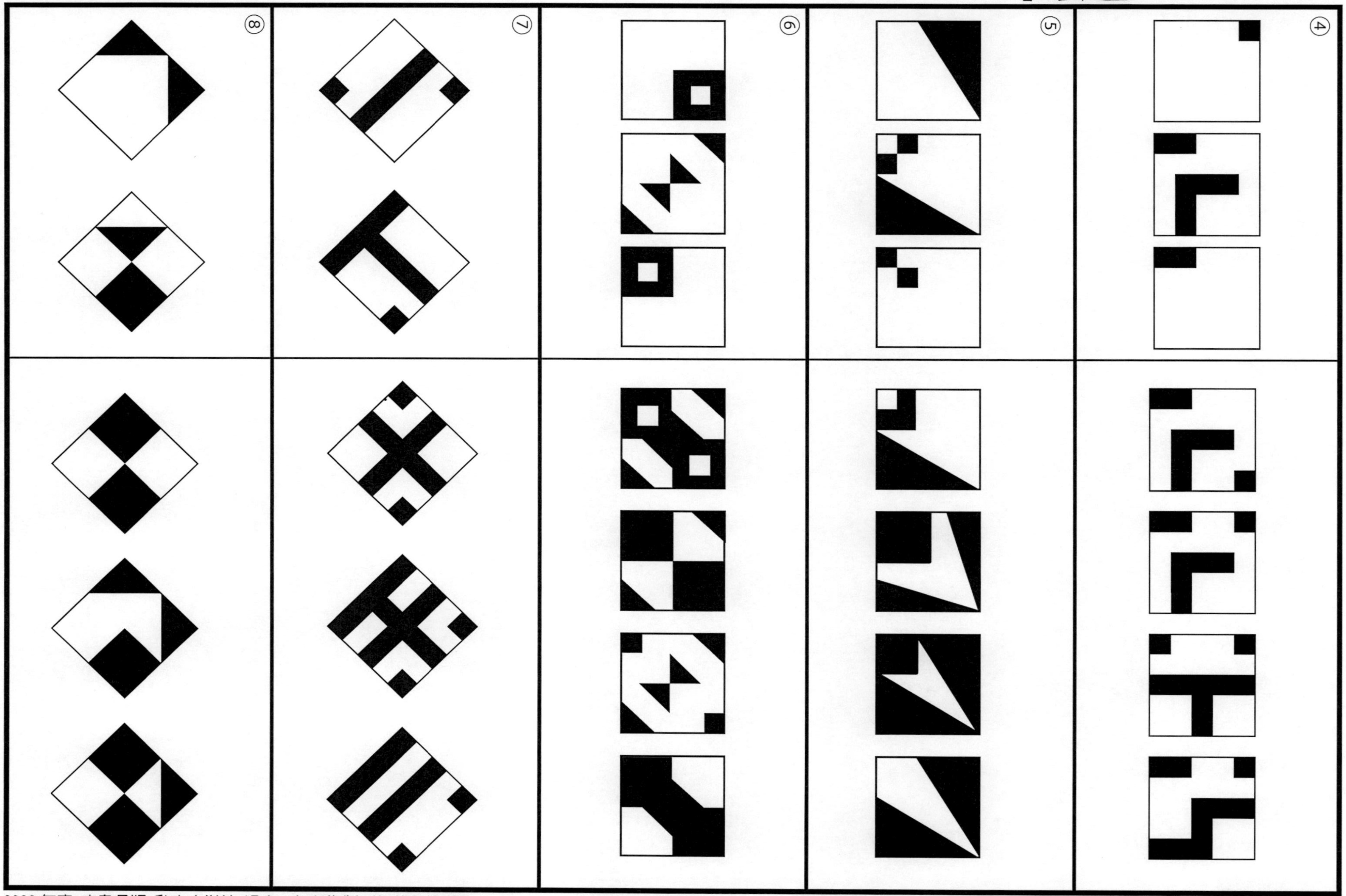

問題２０

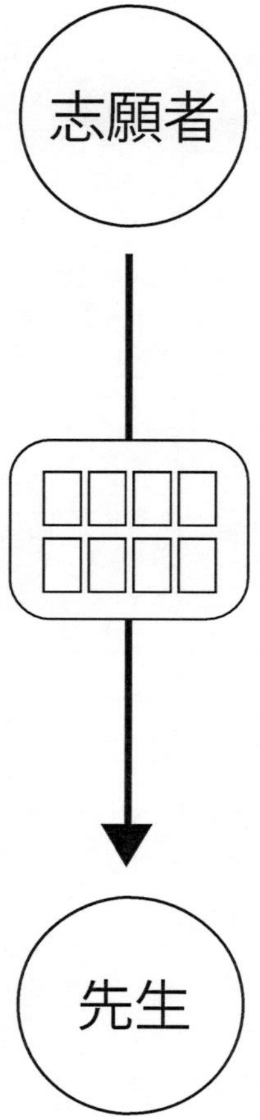

【カード例】

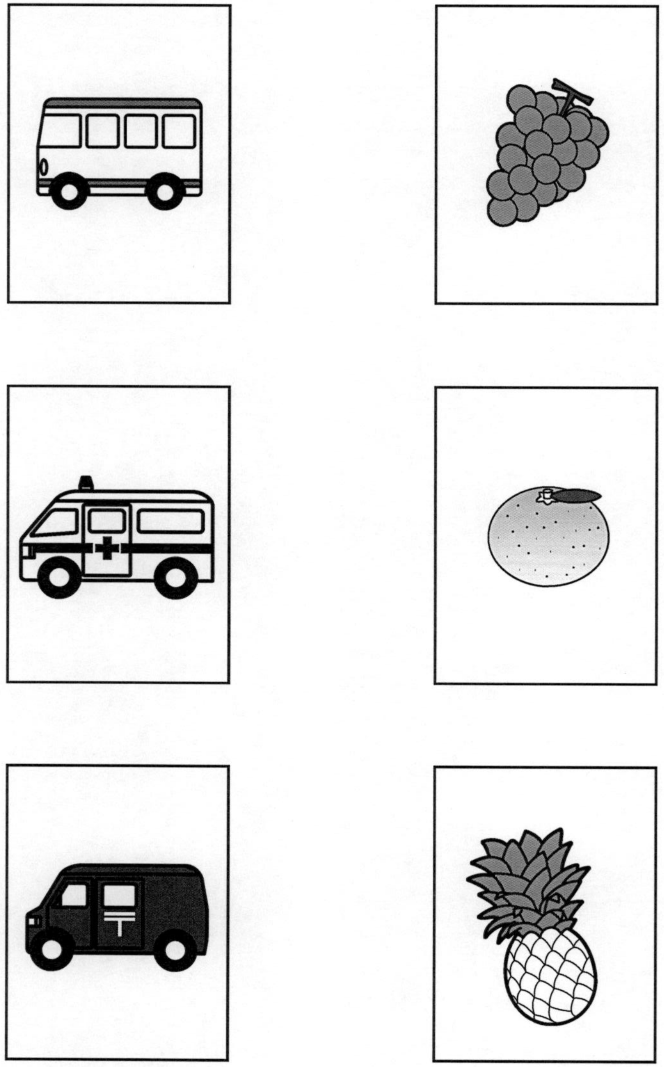

安田学園安田小学校　専用注文書

年　　月　　日

合格のための問題集ベスト・セレクション

＊入試頻出分野ベスト３

1st　お話の記憶　聞く力　集中力

2nd　図　形　観察力　思考力

3rd　推　理　思考力　観察力

当校のペーパーテストはとにかく問題数が多いので、正確に解くことはもちろん、解くスピードも求められます。内容は基礎から応用までさまざまですが、指示をよく聞き、理解してから答えるようにしてください。

分野	書　名	価格(税込)	注文	分野	書　名	価格(税込)	注文
図形	Ｊｒ・ウォッチャー３「パズル」	1,650円	冊	図形	Ｊｒ・ウォッチャー35「重ね図形」	1,650円	冊
推理	Ｊｒ・ウォッチャー６「系列」	1,650円	冊	図形	Ｊｒ・ウォッチャー46「回転図形」	1,650円	冊
推理	Ｊｒ・ウォッチャー７「迷路」	1,650円	冊	図形	Ｊｒ・ウォッチャー48「鏡図形」	1,650円	冊
図形	Ｊｒ・ウォッチャー８「対称」	1,650円	冊	言語	Ｊｒ・ウォッチャー49「しりとり」	1,650円	冊
図形	Ｊｒ・ウォッチャー10「四方からの観察」	1,650円	冊	推理	Ｊｒ・ウォッチャー53「四方からの観察 積み木編」	1,650円	冊
常識	Ｊｒ・ウォッチャー12「日常生活」	1,650円	冊	図形	Ｊｒ・ウォッチャー54「図形の構成」	1,650円	冊
言語	Ｊｒ・ウォッチャー17「言葉の音遊び」	1,650円	冊	常識	Ｊｒ・ウォッチャー55「理科②」	1,650円	冊
言語	Ｊｒ・ウォッチャー18「いろいろな言葉」	1,650円	冊	言語	Ｊｒ・ウォッチャー60「言葉の音（おん）」	1,650円	冊
巧緻性	Ｊｒ・ウォッチャー23「切る・貼る・塗る」	1,650円	冊		１話５分の読み聞かせお話集①・②	1,980円	各　冊
巧緻性	Ｊｒ・ウォッチャー25「生活巧緻性」	1,650円	冊		お話の記憶 中級編・上級編	2,200円	各　冊
常識	Ｊｒ・ウォッチャー27「理科」	1,650円	冊		新口頭試問・個別テスト問題集	2,750円	冊
観察	Ｊｒ・ウォッチャー29「行動観察」	1,650円	冊		実践 ゆびさきトレーニング①・②・③	2,750円	各　冊
推理	Ｊｒ・ウォッチャー31「推理思考」	1,650円	冊		新 小学校受験の入試面接Ｑ＆Ａ	2,860円	冊
推理	Ｊｒ・ウォッチャー32「ブラックボックス」	1,650円	冊		保護者のための面接最強マニュアル	2,200円	冊

合計	冊	円

（フリガナ） 氏　名	電　話 ＦＡＸ E-mail
住 所　〒　　　－	以前にご注文されたことはございますか。 有　・　無

★お近くの書店、または記載の電話・FAX・ホームページにてご注文をお受けしております。
電話：03-5261-8951　FAX：03-5261-8953　代金は書籍合計金額＋送料がかかります。
※なお、落丁・乱丁以外の理由による商品の返品・交換には応じかねます。

★ご記入頂いた個人に関する情報は、当社にて厳重に管理致します。なお、ご購入の商品発送の他に、当社発行の書籍案内、書籍に関する調査に使用させて頂く場合がございますので、予めご了承ください。

日本学習図書株式会社
http://www.nichigaku.jp

◎学習効果を上げるため、前掲の「家庭学習ガイド」をお読みになり、各校が実施する入試の出題傾向を、よく把握した上で問題に取り組んでください。
※冒頭の「本書ご使用方法」「本書ご使用にあたっての注意点」も併せてご覧ください。

〈なぎさ公園小学校〉

2021年度の最新問題

問題23　分野：推理（シーソー）／男女

〈準備〉　鉛筆

〈問題〉　1番重い形はどれでしょうか。右上の四角の中にその形を書いてください。

※実際の試験では1問のみ出題。

〈時間〉　30秒

問題24　分野：推理（系列）・図形（回転図形）／女子

〈準備〉　鉛筆

〈問題〉　左の3つの形を見て、1番右の形のどの場所を塗ればよいと思いますか。その場所を塗ってください。

※実際の試験では1問のみ出題。

〈時間〉　30秒

問題25　分野：推理（系列）・図形（回転図形）、図形（同図形探し）／男子

〈準備〉　鉛筆

〈問題〉　①左の3つの形を見て、1番右の形のどこに印を書けばよいと思いますか。その場所に印を書いてください。
②1番左の形と違うものはどれでしょうか。選んで絵の上にある○を塗ってください。

※実際の試験では1問のみ出題。

〈時間〉　30秒

問題26　分野：口頭試問（お話の記憶、お話作り）／男女

〈準備〉　鉛筆

〈問題〉　**この問題の絵はありません。**

【男子】
①今日は遠足です。タロウくんは、まず電車に乗って、その次にバスに乗りました。途中で原っぱにタンポポが咲いているのを見ました。
・お話の季節はいつですか。
・何に乗って遠足に行きましたか。
・お話の続きを作りましょう。

②タロウくんはバスに乗って動物園に行きました。途中でヒマワリが６本咲いているのを見ました。
・お話の季節はいつですか。
・ヒマワリは何本咲いていましたか。
・お話の続きを作りましょう。

【女子】
③くだもの屋さんに行ってサクランボを買いました。その次に花屋さんに行ってチューリップを５本買いました。
・お話の季節はいつですか。
・最初にどこに行きましたか。
・次にどこに行きましたか。
・お話の続きを作りましょう。

④ハナコさんとお母さんは買いものに行きました。はじめにくだもの屋さんに行ってサクランボを５個買いました。その次に花屋さんに行きました。お母さんが「何でも好きな花を買っていいよ」と言ってくれましたが、たくさんきれいな花があって迷ってしまいました。チューリップを５本買うことにしました。
・お話の季節はいつですか。
・チューリップを何本買いましたか。
・ハナコさんはどこに行きましたか。２つ答えましょう。
・お話の続きを作りましょう。

※実際の試験では１問のみ出題。

〈時間〉　各10秒　お話作り／１分

問題27　分野：制作・巧緻性（模写）／男女

〈準備〉　白い紙、水色の紙、緑色の紙、ハサミ、のり、クーピーペン（12色）、鉛筆、消しゴム
（問題27-１のように道具箱の中に鉛筆などを並べておく）

〈問題〉　**この問題は絵を参考にしてください。**
（お手本を渡す。いずれか１枚）
①お手本と同じように、白い紙に形を書いてください。書いた形にクーピーで好きな色を塗って、周りの線をハサミで切り取ってください。緑色の紙の上で、切り取った紙にのりを塗って、水色の紙に貼り付けてください。
②終わったら切り取った残りをゴミ箱に捨て、道具を元通りにお道具箱に片付けてください。

〈時間〉　適宜

問題28　分野：行動観察（自己紹介）

〈準備〉　ぬいぐるみ

〈問題〉　**この問題の絵はありません。**

（５～６人のグループで行う）

ぬいぐるみを持って、「私（ぼく）は○○です。よろしくお願いします」というように自己紹介をしましょう。終わったら、「次の人」と言って、手を挙げたほかのお友だちに順番を回しましょう。終わったらみんなで拍手をしましょう。

※「次の人」と言われたら手を挙げて指名してもらう。ぬいぐるみは自己紹介する人に渡す。

※男子は椅子、女子は畳の上で行われた。

〈時間〉　適宜

問題29　分野：行動観察（集団ゲーム）

〈準備〉　三角コーン（８個程度）、紙パイプ、ピンポン玉、箱

〈問題〉　**この問題は絵を参考にしてください。**

（５～６人のグループで行う）

【おにごっこ】

・コーンの中でおにごっこをしてください。おにはぬいぐるみを持ち、タッチしたら次の人（おに）にぬいぐるみを渡してください。コーンから外に出てはいけません（５回繰り返す）。

【だるまさんがころんだ】

・先生がおにです。先生が「だるまさんがころんだ」と言っている間だけ進むことができます。それ以外の時は動いてはいけません。線のところからスタートして、１番先にコーンにタッチした人が優勝です。もし、おにに動いたと言われたら線のところまで戻ってください。

※２回目はニワトリの格好で進み、３回目はカエルの格好で進む。

【ボール転がし】

・パイプをつないで箱の中にピンポン玉を入れましょう。どうつなげるのかはみんなで相談して決めてください。

〈時間〉　適宜

問題30　分野：保護者・志願者面接、保護者アンケート

〈準備〉　なし

〈問題〉　**この問題の絵はありません。**

【保護者】
・本校を選んだ理由をお聞かせください。
・家にいる時はどのように過ごしていますか（平日と休日両方聞かれる）。
・ご家庭で何か体験学習をしていますか。
・子育てで難しいと感じることについてお聞かせください。
・お子さまの名前の由来について教えてください。
・最近、どんなことでお子さまを褒めましたか。
・お子さまの長所は何だと思いますか。
・ご家庭で絵本の読み聞かせをしていますか。また、お子さまは自分で読んだりしていますか。
・現在通園している幼稚園（保育園）を選んだ理由は何ですか。
・（安田小学校の近くに住んでいる人に）ご自宅は安田小学校が近いのに、なぜ本校を選んだのですか。

【志願者】
・お名前を教えてください。
・お友だちの名前を教えてください（３人程度）。
　→そのお友だちと何をして遊ぶのが好きですか。
　→（積み木と答えると何を作りましたかと掘り下げられる）
・朝ごはんは何を食べましたか。
　→（パンとヨーグルトとリンゴと答えるとヨーグルトは何味ですかと掘り下げられる）
・家で何かお手伝いをしていますか。それはどんなお手伝いですか。
・最近、お母さんに褒められたことは何ですか。
・通っている幼稚園（保育園）の名前を教えてください。

【保護者アンケート】
・小学校受験を考えたきっかけは何ですか。
・受験を決めてから取り組んだことは何かありますか。
・小学校の情報はどこで集めましたか。
・参加したイベントや説明会に○をしてください。
・イベントや説明会で特に印象に残っていることがあればお答えください。
・４つの柱について共感できるものはどれですか。選択肢の中から選んでください。

〈時間〉　面接／５分程度　アンケート／15分程度

☆なぎさ公園小学校

問題２３

①

②

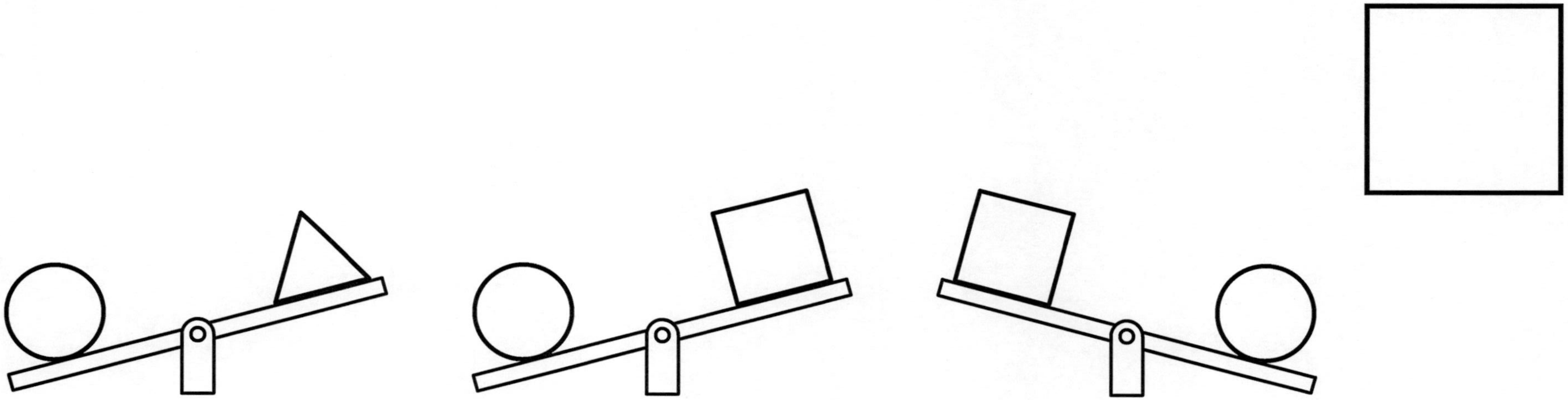

問題２４

①

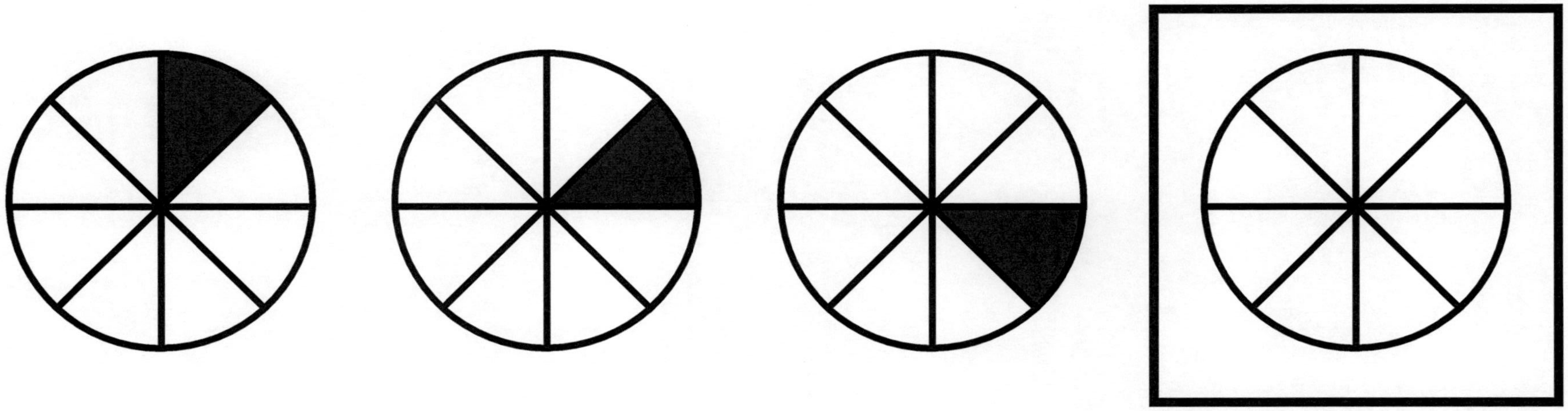

②

☆なぎさ公園小学校

問題２５

①

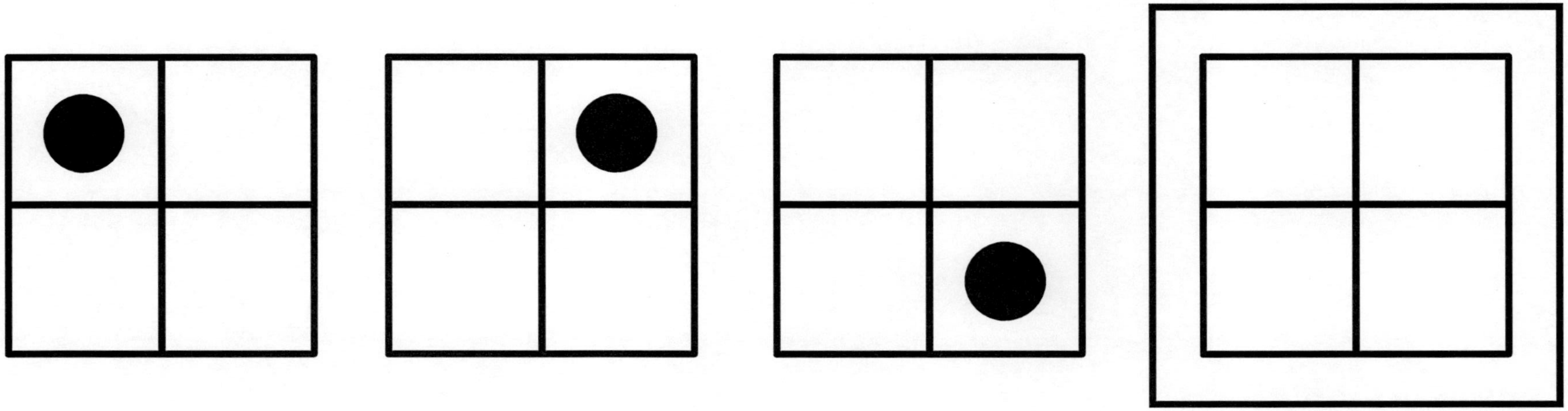

②

日本学習図書株式会社

問題27-1

[男子]

[女子]

日本学習図書株式会社

2022年度 広島県版 私立小学校 過去 無断複製／転載を禁ずる

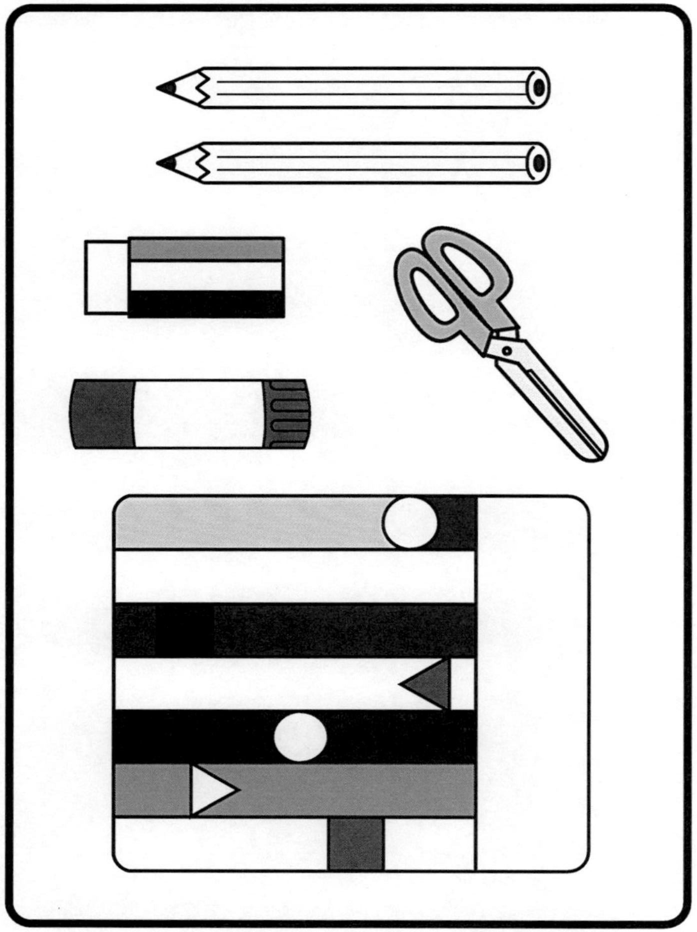

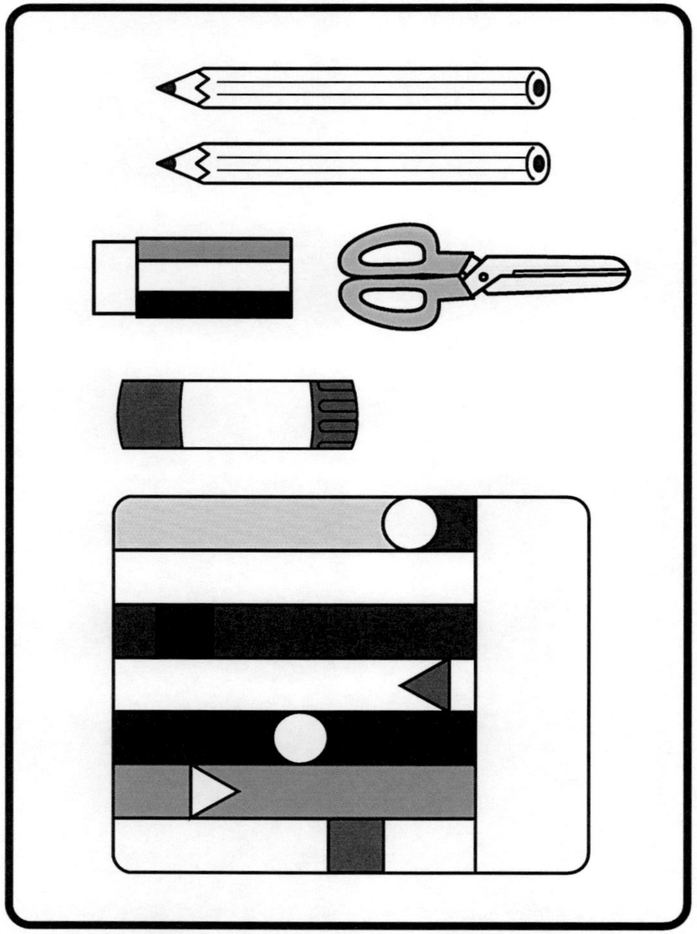

問題２７－２

【男子／お手本A】

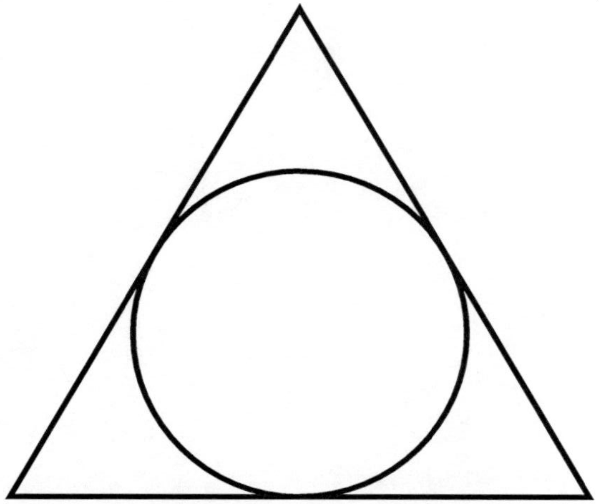

【男子／お手本C】

【男子／お手本B】

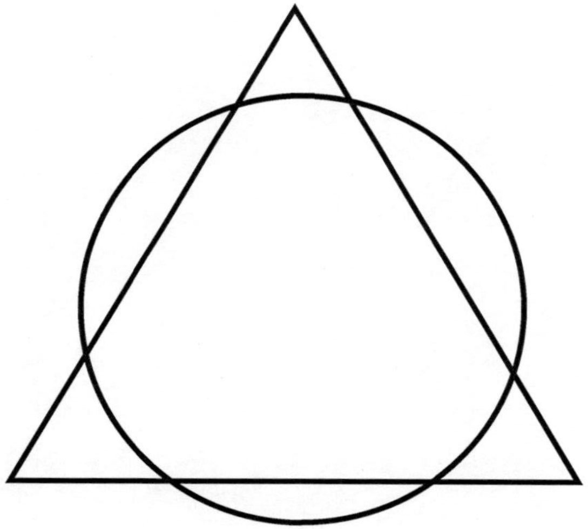

☆なぎさ公園小学校

問題２７－３

【女子／お手本Ａ】

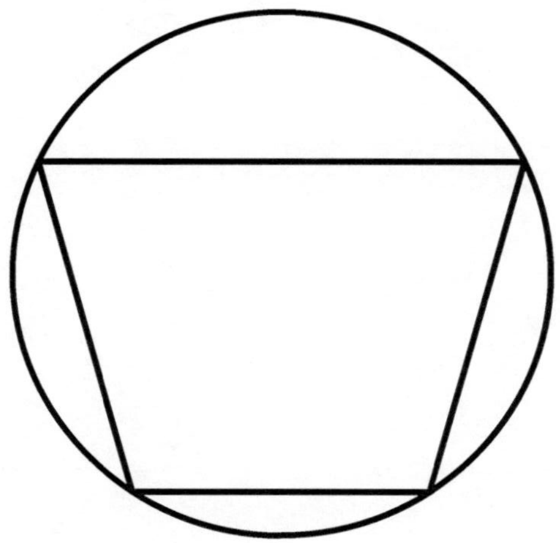

【女子／お手本Ｃ】

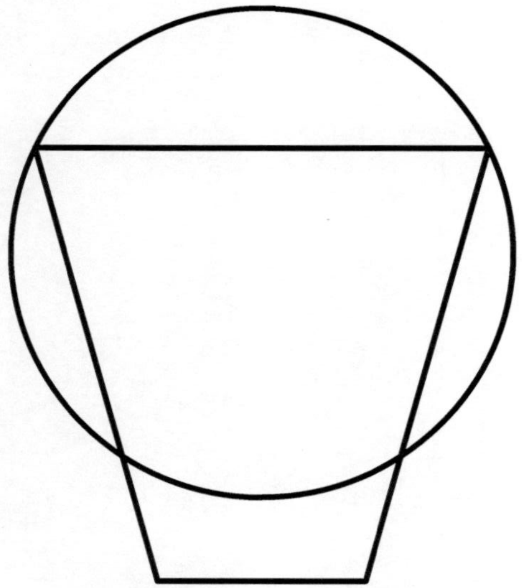

【女子／お手本Ｂ】

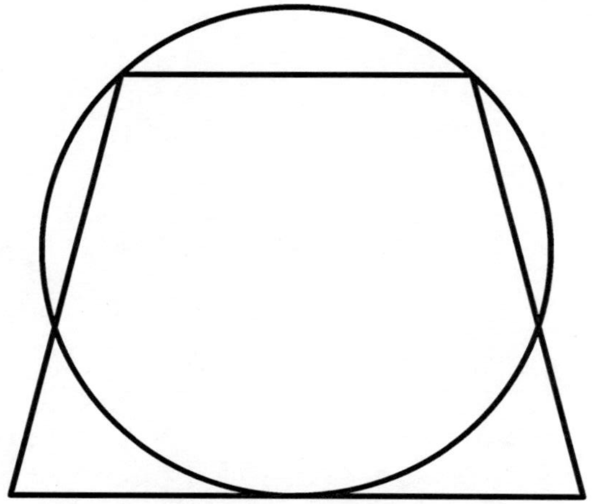

問題２９

☆なぎさ公園小学校

【おにごっこ】

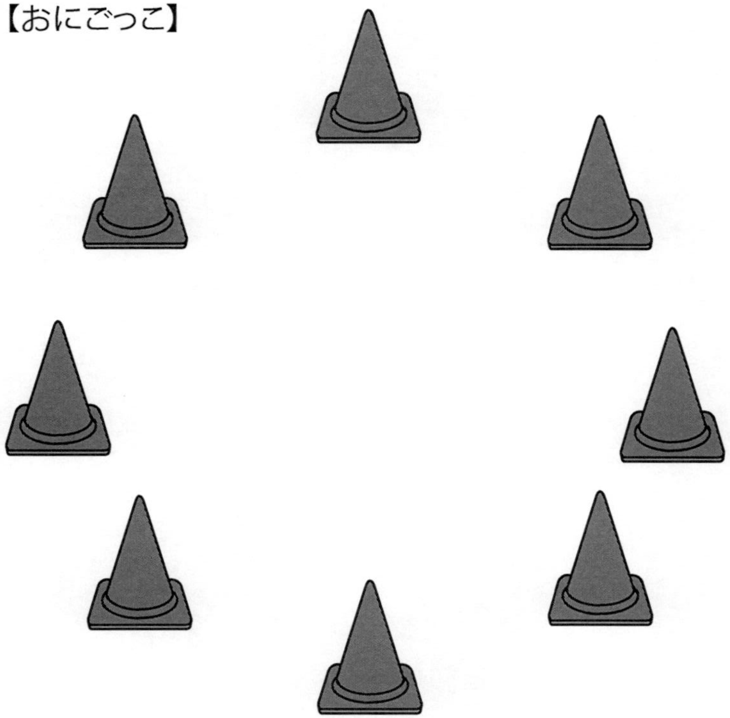

【だるまさんがころんだ】

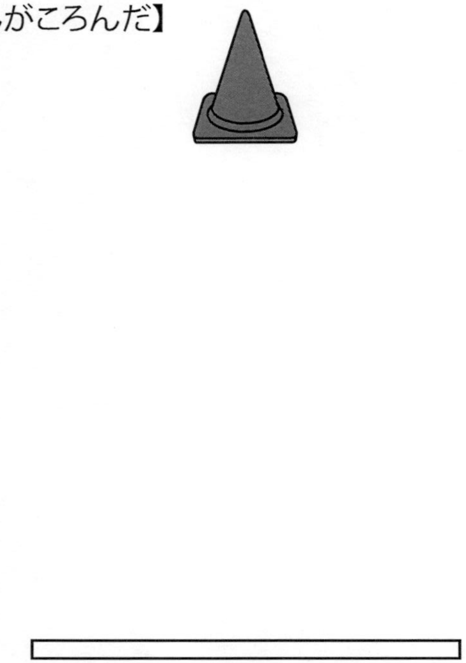

【ボール転がし】

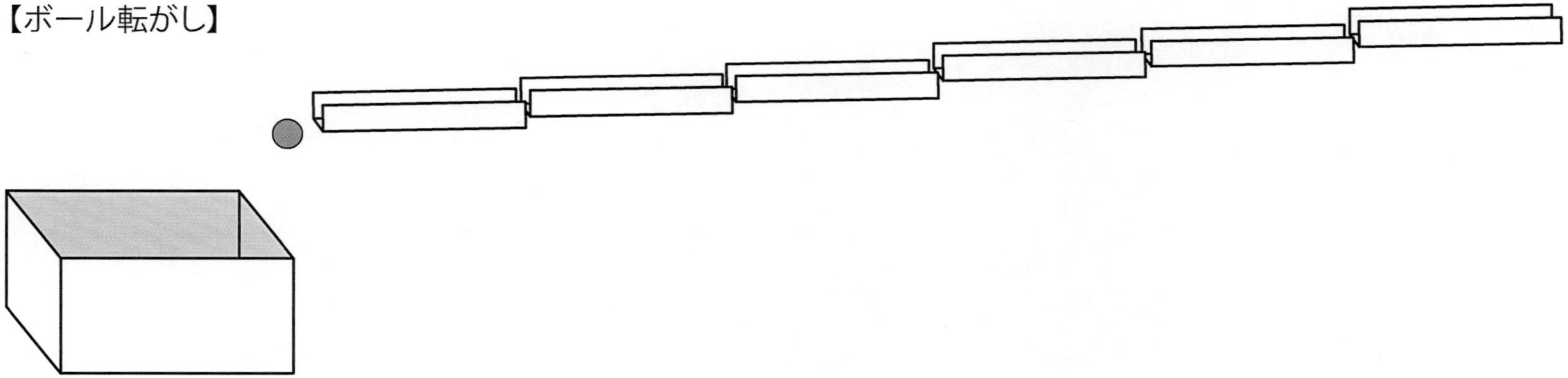

2021年度入試
解答例・学習アドバイス

解答例では、制作・巧緻性・行動観察・運動といった分野の問題の答えは省略されています。こうした問題では、各問のアドバイスを参照し、保護者の方がお子さまの答えを判断してください。

問題23　分野：推理（シーソー）／男女

〈解答〉　①□　②○

当校の入学試験は個別の口頭試問形式で行われます。本問でも、考えているところまで観られるということです。ペーパーテストではあるのですが、先生に観られながら問題を解くというのはかなりプレッシャーになると思います。そうした状況を事前に経験させることはなかなか難しいとは思いますが、保護者の方が近くで見ている状況で問題を解いてみるといったことで多少は慣れることができるかもしれません。問題自体ははっきり言って簡単です。当校は、ＡＯ入試制度をとっているので、ペーパーの比重はそれほど高くないと考えられますが、ペーパーもおろそかにせず取り組むようにしましょう。

【おすすめ問題集】

　Ｊｒ・ウォッチャー33「シーソー」

問題24　分野：推理（系列）・図形（回転図形）／女子

〈解 答〉　下図参照

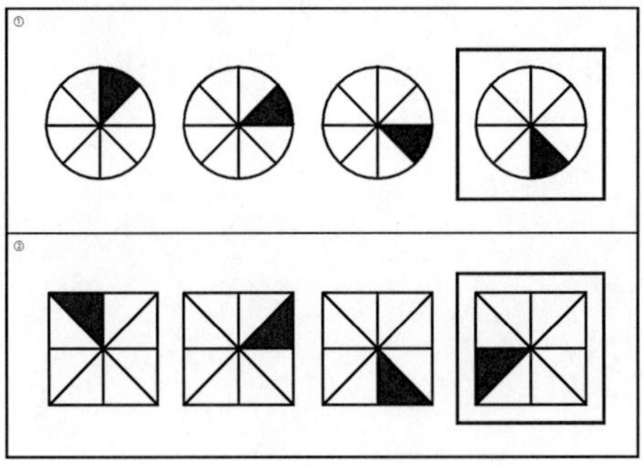

どういった規則性で黒い部分が動いているのかが問われています。考え方として、黒い部分が動くと感じるお子さまと全体が回転していると感じるお子さまがいると思います。黒い部分が動くと考えれば系列の問題、全体が回転していると考えれば回転図形の問題ととらえることができます。どちらの考え方でも問題はないので、お子さまのやりやすい方法で取り組んでください。ペーパーテストでは系列と同図形探しが例年出題されています。この２分野だけやっておけばよいというものではありませんが、最低限この２つはしっかりと理解しておく必要があるでしょう。

【おすすめ問題集】

Ｊｒ・ウォッチャー６「系列」、46「回転図形」

問題25　分野：推理（系列）・図形（回転図形）、図形（同図形探し）／男子

〈解 答〉　下図参照

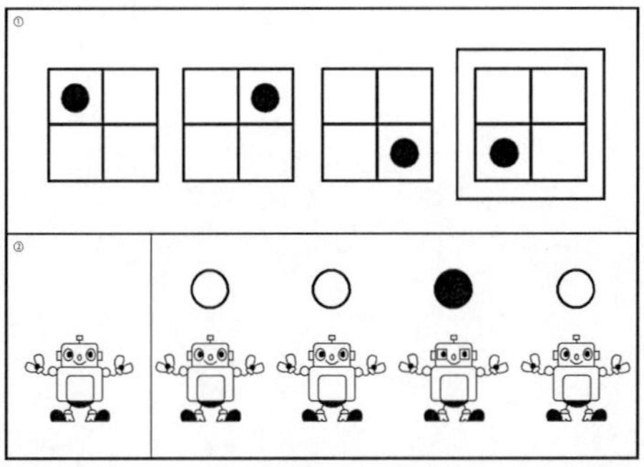

男子の場合は、同図形（異図形）探しの出題もありました。問題23～26では２問ずつ掲載していますが、実際の試験では１問だけ出題される形です。１問ずつなので楽に感じてしまうかもしれませんが、間違えたら大きなマイナスにもなりかねないので、簡単だからといって気を抜かないようにしましょう。基礎的な学習をしておけば充分に対応できる問題ではありますが、それは誰にとっても同じことです。できて当たり前の問題なので、ミスをしないことが何よりも大切になります。こうした問題こそ、集中して取り組むようにしてください。

【おすすめ問題集】

Ｊｒ・ウォッチャー４「同図形探し」、６「系列」、46「回転図形」

問題26　分野：口頭試問（お話の記憶、お話作り）／男女

〈解 答〉　省略

①②をお話の記憶としていますが、それほどたいそうなものではありません。短いお話の内容をそのまま答えればよいだけなので、確実に正解できるようにしておきましょう。本問では、③のお話の続きを作ることが中心になります。お話作りとは言っても、お話の続きなので、読み上げられたお話との関連性が必要になります。例えば、元のお話と作ったお話で季節が違っていたりしてはよくありません。また、さまざまな経験や体験が少ないお子さまにとっては、お話を作ることは難しいことでもあります。お話を通じて疑似体験をさせるという意味でも読み聞かせは有効と言えるでしょう。

【おすすめ問題集】

1話5分の読み聞かせお話集①・②、お話の記憶問題集 初級編・中級編、
Ｊｒ・ウォッチャー19「お話の記憶」、21「お話作り」

問題27　分野：制作・巧緻性（模写）／男女

〈解 答〉　省略

①の制作を中心に考えがちですが、意外と②もしっかりと観られているということを覚えておきましょう。本問は例年出題されているのでみんなしっかりと対策をしてきます。そこに集中しすぎてしまうと、片付けがおろそかになりがちです。保護者の方は、片付けるところまでが課題だということをしっかりとお子さまに伝えるようにしてください。ただ、伝えるだけではできるようにはならないでしょう。ご家庭で制作課題に取り組む時から、しっかりと片付けさせる習慣を付けるようにしてください。そうすれば、実際の入試の時でも自然に片付けができるようになります。

【おすすめ問題集】

実践 ゆびさきトレーニング①・②・③、
Ｊｒ・ウォッチャー23「切る・貼る・塗る」、51「運筆①」、52「運筆②」

問題28　分野：行動観察（自己紹介）

〈解 答〉　省略

この後の集団ゲームの準備的な意味合いで行われる自己紹介です。特に評価をされることもないのではと思いますが、指示行動ととらえて言われたことをしっかりと守りながら自己紹介をしましょう。こうした課題はあまり深く考える必要はありません。素直に大きな声で名前が言えれば充分です。慣れるという意味でご家庭で一度やっておくのもよいかもしれません。何をすればよいのかがわかるだけでも経験になると思いますし、実際にやってみることで本番での緊張がやわらぐことにもなるでしょう。ちょっとしたことかもしれませんが、お子さまにとっては大きな経験になることもあります。

【おすすめ問題集】
Ｊｒ・ウォッチャー29「行動観察」

問題29　分野：行動観察（集団ゲーム）

〈解 答〉　省略

本年度は例年通りの行動観察が実施されましたが、2022年度入試においてはコロナの影響によって接触のない（少ない）形で実施されることになるのではないかと考えられます。当校の行動観察では運動系のゲームがよく行われているので、個別の運動テストや指示行動などの課題が実施される可能性があるでしょう。ただ、実際に何が行われるかはわかりません。どんな課題にも対応できる準備をしておいてください。そのために何をすればよいのかというと、「聞く」ことです。課題を行う前にはお手本や説明があります。そこで理解できるかどうかがポイントになるので、そうした対応力を身に付けておきましょう。

【おすすめ問題集】
Ｊｒ・ウォッチャー29「行動観察」

問題30　分野：保護者・志願者面接、保護者アンケート

〈解 答〉　省略

保護者と志願者が同じ場所で面接を行いますが、保護者→志願者という形で順番に行われます。親子でというよりは、保護者面接と志願者面接が同じ場所で行われると考えてよいでしょう。本問に記載されているすべてが質問されるということではなく、ご家庭ごとに質問は異なっています。保護者面接は願書に記載した内容をベースに行われ、志願者面接は「返答の正誤は重要ではありません」と学校ホームページに記載されていることからも、受け答えや年齢なりの社会性など、お子さま自身を観ていると考えられます。時間も短く質問も基本的なことなので、あまり緊張せずに面接に臨んでください。

【おすすめ問題集】
新 小学校受験の入試面接Ｑ＆Ａ、家庭で行う面接テスト問題集、
保護者のための面接最強マニュアル

2020年度の過去問題

問題31　分野：口頭試問（お話の記憶、お話作り）

〈準備〉　なし

〈問題〉　この問題の絵はありません。

【男子】
ぼくとお友だちは公園に遊びに行きました。公園に着くとセミがミンミンと鳴いていました。まずはじめに滑り台で遊びました。するとお友だちが転んでしまいました。

①お話の季節はいつでしょうか。
②お話の続きを作ってください。

【女子】
今日はまりちゃんのお誕生日会です。お友だちがクッキーを持ってまりちゃんの家に行きました。途中で大きなヒマワリの花を見ました。

①お話の季節はいつでしょうか。
②お話の続きを作ってください。

〈時間〉　適宜

〈解答〉　省略

［2020年度出題］

学習のポイント

例年出題されている「お話作り」の問題です。お話の続きを作るという形なので、示された文章の続きとして矛盾しなければ、どのようなお話でもかまいません。年齢相応の表現でかまわないので、自由に話してください。もし、悪い評価を受けるとすれば、２つのケースが考えられます。１つは示された文章とつながりのないお話をしたケース。指示を聞いていないのと同じような印象を与えます。もう１つはよくわからない話をしたケース。言葉を知らないのか、人に伝えるということができないのかはお子さまによって違うでしょうが、理解不能だとコミュニケーションがとれないのではないかという不安を与えてしまいます。この２つに当てはまらなければ何も問題はありません。お話の面白さとか、表現力といった創造性といったところまでは評価されないのです。

【おすすめ問題集】
新 口頭試問・個別テスト問題集、新 ノンペーパーテスト問題集
Ｊｒ・ウォッチャー19「お話の記憶」、21「お話作り」、29「行動観察」

問題32　分野：制作・巧緻性（模写）

〈準 備〉　青色の紙、緑色の紙、ハサミ、のり、クーピーペン（12色）、鉛筆

〈問 題〉　（問題32-１のように道具箱の中に鉛筆などが並べてある）
（問題32-２の絵を「男子」に、問題32-３の絵を「女子」に渡す）
①左の見本と同じように、右に形を書いてください。書いた形にクーピーで好きな色を塗って、周りの線をハサミで切り取ってください。緑色の紙の上で、切り取った紙にのりを塗って、青色の紙に貼り付けてください。
②終わったら切り取った残りをゴミ箱に捨て、道具を元通りにお道具箱に片付けてください。

〈時 間〉　適宜

〈解 答〉　省略

[2020年度出題]

学習のポイント

制作・巧緻性の課題です。小学校受験、特に当校のような行動観察が大部分を占める入試では、結果ではなくプロセスが重視されており、制作の課題でもそれは変わりません。つまり、指示を理解し、時間内で実行することができていれば何も問題はないのです。もちろん、年齢相応の技術（道具の使い方など）、マナーなども観点の１つですが、これらは優れているものを見つけ出すと言うよりは、著しく劣るものをチェックするための観点ですから、「ふつうに」できていれば気にすることはありません。それ以外の出来映えや作業の正確性といった点は、さらに比重が軽いと考えてください。ほとんど合否判定の材料にはならないと考えてよいでしょう。創造性や基本的な作業の知識は入学してから伸ばすものと考えられているのです。

【おすすめ問題集】
実践 ゆびさきトレーニング①・②・③
Ｊｒ・ウォッチャー23「切る・貼る・塗る」、51「運筆①」、52「運筆②」

問題33　分野：推理（系列）

〈準備〉　鉛筆

〈問題〉　あるお約束にしたがって記号が並べられています。空いている四角に入る記号を書いてください。

〈時間〉　各30秒

〈解答〉　下図参照

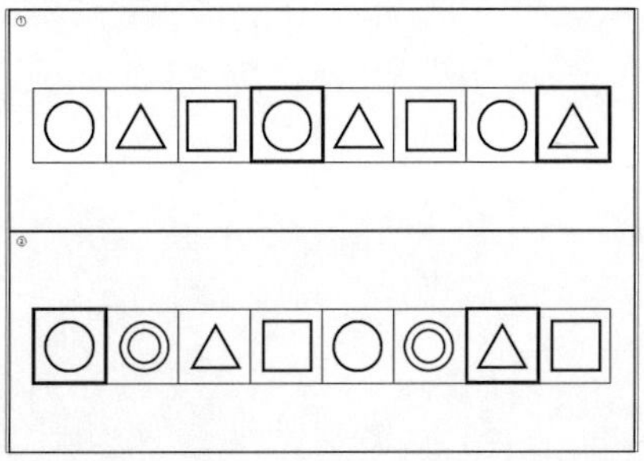

［2020年度出題］

学習のポイント

基礎的な系列の問題です。「ＡＢＣＡＢＣ」といった並び方の法則を見つけ出すのが系列の問題ですが、ここまで簡単なものだと考えるまでもなく答えがわかってしまうでしょう。当校では例年このような問題が出題されていますが、ここまで簡単だと思考力を測るというよりは、入試対策を行ったかどうかのチェックをしているだけではないかと思えてきます。傾向が大きく変わることはないと思いますが、万が一傾向が変わったとしても一度解いておけば問題なく答えられる問題が出ることには違いはないでしょう。対策学習としては過去問題をやれば充分です。むしろ、口頭試問の形式に慣れるために、質問を理解して、それに沿った答えを的確に言える（書ける）といったコミュニケーション能力を伸ばすことを考えた方がよいでしょう。

【おすすめ問題集】

Ｊｒ・ウォッチャー６「系列」

問題34　分野：図形（同図形探し）

〈準備〉　鉛筆

〈問題〉　左の四角の中の絵と同じものを右の四角の中から選んで、絵の上にある○を鉛筆で塗りつぶしてください。

〈時間〉　各30秒

〈解答〉　①真ん中　②右

［2020年度出題］

学習のポイント

同図形探しは、一度に見本との違いを見つけ出そうすると混乱することがあるので、絵を分割してから比較するという方法がおすすめです。例えば①なら、カニの右側の手足、胴体、カニの左側の手足と分割して比較するのです。左は爪の色が違うので×、真ん中は同じなので○、右は爪の色が違うので×…いきなり答えがわかってしまったのはたまたまですが、全体を比較していくよりは効率もよいはずです。図形の問題としては基礎的なものなので、過去問題を数題やれば要領もわかってくるでしょう。繰り返しになりますが、能力を測るためというよりは、試験対策をしているか、入学する意欲があるのかを観点とした入試ですから、対策は過去問題を中心に行えば充分です。苦手意識がある時にだけ、その分野の類題集などを解いてみてください。

【おすすめ問題集】
　Ｊｒ・ウォッチャー４「同図形探し」

問題35　分野：行動観察（自己紹介）

〈準備〉　ぬいぐるみ

〈問題〉　この問題の絵はありません。
（５～６人のグループで、畳の上に座って行う）
ぬいぐるみを持って、「私は○○です。よろしくお願いします」というように自己紹介をしましょう。終わったら、「次の人」と言って、手を挙げたほかのお友だちに順番を回しましょう。
※「次の人」と言われたら手を挙げて指名してもらう。ぬいぐるみは自己紹介する人に渡す。

〈時間〉　適宜

〈解答〉　省略

［2020年度出題］

学習のポイント

はじめての場所で、はじめて会う人といっしょに課題に取り組むことは、大人でも簡単なことではありません。そうした緊張した雰囲気をほぐす意味もあるのか、当校では行動観察の１番はじめの課題として自己紹介が行われています。手を挙げて指名された人が順番に自己紹介をする形で進めていくのですが、自分から手を挙げなかったお子さまはいなかったそうです。大人が思っているほど、お子さまは緊張していないということなのでしょうか、みんな積極的に手を挙げたり発言をしたりしていたようです。このように、グループでコミュニケーションをとりながら、集団としてのまとまりを作り、次の課題へとつなげていくねらいがあるのかもしれません。

【おすすめ問題集】

新 口頭試問・個別テスト問題集、新 ノンペーパーテスト問題集
Ｊｒ・ウォッチャー29「行動観察」

問題36　分野：行動観察（おにごっこ）

〈準備〉　三角コーン（８個）、ゼッケン、赤・青の円形の紙（各４枚）
※問題36の絵を参照して配置しておく。

〈問題〉　**この問題は絵を参考にしてください。**
（５～６人のグループで行う）
赤いコーンと赤と青の紙のセットの中で、おにごっこをしましょう。おには赤いゼッケンを丸めて持ちましょう。タッチされた人はゼッケンをもらい、おにになります。先生はずっとおにです。ただし、コーンの中から外へ出てはいけません。
※おにが４回交代するまで続ける。

〈時間〉　適宜

〈解答〉　省略

［2020年度出題］

学習のポイント

お子さまにとっては楽しい課題と言えるでしょうが、遊びの中でもしっかりと観察されているということを忘れないようにしましょう。行動観察の中で、こうしたゲーム的な要素が強い課題では、勝ち負けにこだわりすぎたり、熱中しすぎたりして、ルールを守らないお子さまが出てきます。そうしたところを学校は観ているのです。ペーパーテストや面接では観ることのできない、いわゆる素の姿です。ごまかしのきかないところだからこそ、ふだんの生活や躾が表に出てきてしまいます。お子さまの本来の姿を通して、保護者の方が観られているということです。まずは、話をしっかり聞いて、ルールを守ることを徹底していきましょう。

【おすすめ問題集】

新 口頭試問・個別テスト問題集、新 ノンペーパーテスト問題集、
新 運動テスト問題集、Ｊｒ・ウォッチャー29「行動観察」

問題37　分野：行動観察（指示行動）

〈準 備〉　マット、フープ、三角コーン

〈問 題〉　この問題は絵を参考にしてください。
（5～6人のグループで行う。あらかじめ、問題37の絵を参考にしてマット、フープ、三角コーンを配置する。その後、片方のマットの上にグループ全員を集める）
先生の言った通りに、マットからマットへ移動してください。
①置いてあるものにぶつからないように移動しましょう。
②カメ（ウサギ）のポーズで移動しましょう。
③置いてあるものにぶつからないように、ケンケン（スキップ）で移動しましょう。
④好きな色のフープを下からくぐって移動しましょう。
⑤好きな色のフープを上からくぐって移動しましょう。

〈時 間〉　適宜

〈解 答〉　省略

［2020年度出題］

学習のポイント

課題の名前にもなっているように、指示をきちんと聞いて、理解し、行動できるかどうかが、最大のポイントになります。１つひとつの課題自体はそれほど複雑なものではありませんが、次から次へと指示が出てくるので、最後まで集中力を切らさないようにしてください。とは言っても課題に取り組んでいる間ずっと集中しているというのは、お子さまにとっては難しいことです。課題ごとに気持ちを切り替えるようにするとよいでしょう。また、自分が課題に取り組んでいる時間以外も、行動は観られています。待っている間の態度は、お子さまの素の姿が出てしまいがちなので、リラックスしすぎないように注意しましょう。

【おすすめ問題集】
新 口頭試問・個別テスト問題集、新 ノンペーパーテスト問題集、
新 運動テスト問題集、Ｊｒ・ウォッチャー28「運動」、29「行動観察」

問題38　分野：行動観察（集団ゲーム）

〈準備〉　ボール、平均台（2台）、机（2台）、鉄棒、コーン、フープ
※問題38の絵を参照して配置しておく。

〈問題〉　**この問題は絵を参考にしてください。**
（5～6人のグループで行う）
①平均台の上にボールを載せ、ボールを転がしましょう。平均台の隙間では、ボールを持ち上げてください。
②2人はフープを、4（3）人はボールを持って、フープにボールをくぐらせましょう（全員でフープをボールの上から通す場合もあり）。
③ボールを転がして、コーンの周りを一周してください。
④フープの中にボールを置いて、5秒間数えましょう（1～5までいっしょにに唱える）。
⑤鉄棒の上を通して、ボールを鉄棒の向こう側に落としましょう。

〈時間〉　1分

〈解答〉　省略

[2020年度出題]

学習のポイント

当校では、5～6人のグループを対象にした行動観察が例年行われています。今回はボールを平均台、机、鉄棒などを経由して運ぶという課題ですが、ここでも主な観点は協調性であることに変わりはありません。基本的には積極的に意見を言い、人の意見を聞いた上でどのように行動するかを決めてそれを実行できれば、結果に関係なく協調性があると評価されるはずです。無理に目立とうしたり、協力的でないと判断されると、かなり悪い印象を与えるので、そういった行動はしないようにしてください。なお、人見知りが激しい、あるいは大人しい性格のお子さまは、無理にアイデアを出したり、イニシアチブをとろうとしなくてもかまいません。そういう性格のお子さまだということを面接などでわかってもらうという前提はありますが、誰かの指示に従って、迷惑にならないように行動できるというのも1つの個性だからです。

【おすすめ問題集】
新 口頭試問・個別テスト問題集、新 ノンペーパーテスト問題集、
新 運動テスト問題集、Jr・ウォッチャー29「行動観察」

問題39　分野：保護者・志願者面接、保護者アンケート

〈準備〉　なし

〈問題〉　この問題の絵はありません。

【保護者】
・本校を選んだ理由をお聞かせください。
・本校の教育目標である「４つの柱」の中で、最も共感するものはどれですか。
・ご家庭で大切にしていることは何ですか。
・入学したらお子さまに何を学ばせたいですか。
・お子さまの自慢できるところはどこですか。
・子育てをしていて１番うれしかったことをお聞かせください。
・最近、お子さまに感動したことはありますか。
・子育てで気を付けていることはありますか。
・ご家庭での躾で難しいと感じる点はありますか。
・家で絵本の読み聞かせをしたり、お子さまが絵本を読んだりしていますか。
・本校の教育方針とご家庭の教育方針で一致するところを教えてください。
・幼稚園の行事で印象に残ったものを教えてください。
・現在通っている幼稚園（保育園）を選んだ理由は何ですか。

【志願者】
・お名前を教えてください。
・お友だちのお名前を教えてください。そのお友だちと何をして遊びますか。
・好きな食べものと苦手な食べものを教えてください。
・好きな本は何ですか。
・家で何かお手伝いはしますか。それはどんなお手伝いですか。
・家では何をして遊んでいますか。それは誰とですか。
・今、１番がんばっていることは何ですか。「ぼくは（私は）」という言葉に続けて言ってください。
・ここの学校の名前を教えてください。
・最近お母さんに褒められたことは何ですか。
・通っている幼稚園（保育園）の名前を教えてください。

【保護者アンケート】
・小学校受験を考えたきっかけは何ですか。
・受験を決めてから取り組まれたことはありますか。
・小学校の情報はどこから集めましたか。
・参加した学校のイベントや説明会を教えてください。特に印象に残っていることがあればお答えください。
・「４つの柱」の中で共感できるものはどれですか。

〈時間〉　面接／10分程度　アンケート／15分程度

〈解答〉　省略

［2020年度出題］

学習のポイント

当校の入試では受付後に面接とアンケートがあります。面接は親子１組に対して、面接官１名で行われました。保護者への質問の中には、当校の教育目標である「４つの柱」に関する質問が含まれています。例年出題されている内容なので、学校説明会に参加し、教育目標をよく理解した上で答えるようにしてください。お子さまへの質問は、それほど難しい質問が出されるわけではありません。元気な声ではっきりと答えるように指導しましょう。アンケートの質問の中で、説明会や学校行事の感想が求められています。学校が主催するイベントに参加すると、パンフレットだけではわからない学校の雰囲気や教師の熱意なども知ることができるので、積極的に参加するようにしましょう。また、イベントに参加している児童の様子を見ることで、お子さまは入学後の自分をイメージをすることができるでしょう。お子さまによってはそれが「この学校に通ってみたい」という気持ちの高まりにつながっていくかもしれません。

【おすすめ問題集】

新 小学校受験の入試面接Ｑ＆Ａ、家庭で行う面接テスト問題集、
保護者のための面接最強マニュアル

問題32-1

2022年度 広島県版 私立小学校 過去　無断複製／転載を禁ずる　　日本学習図書株式会社

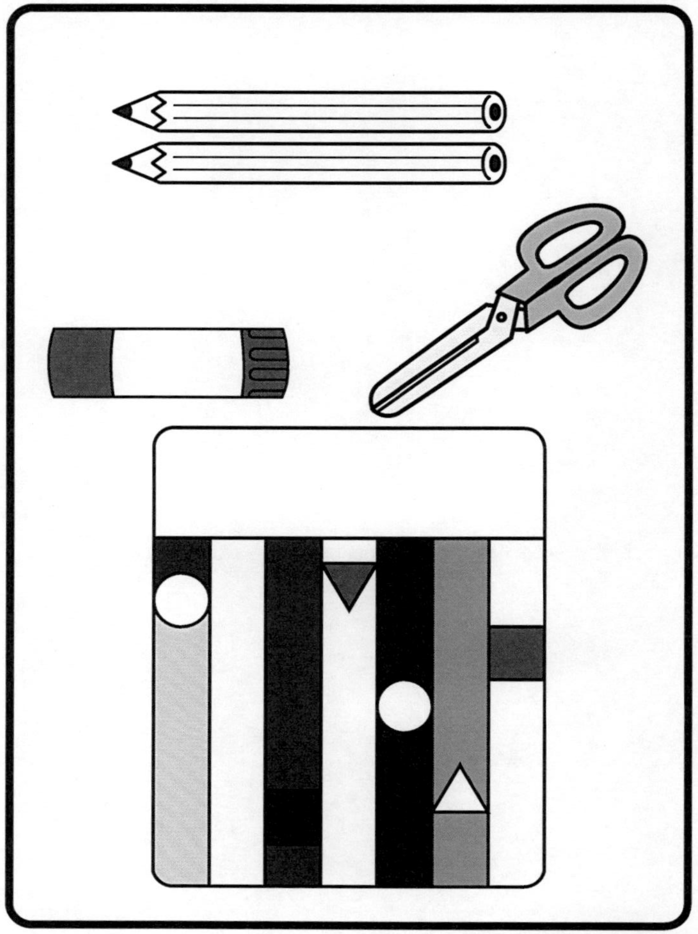

問題32-2

☆なぎさ公園小学校

【男子】

2022年度版 広島県版 私立小学校 過去 無断複製/転載を禁ずる　日本学習図書株式会社

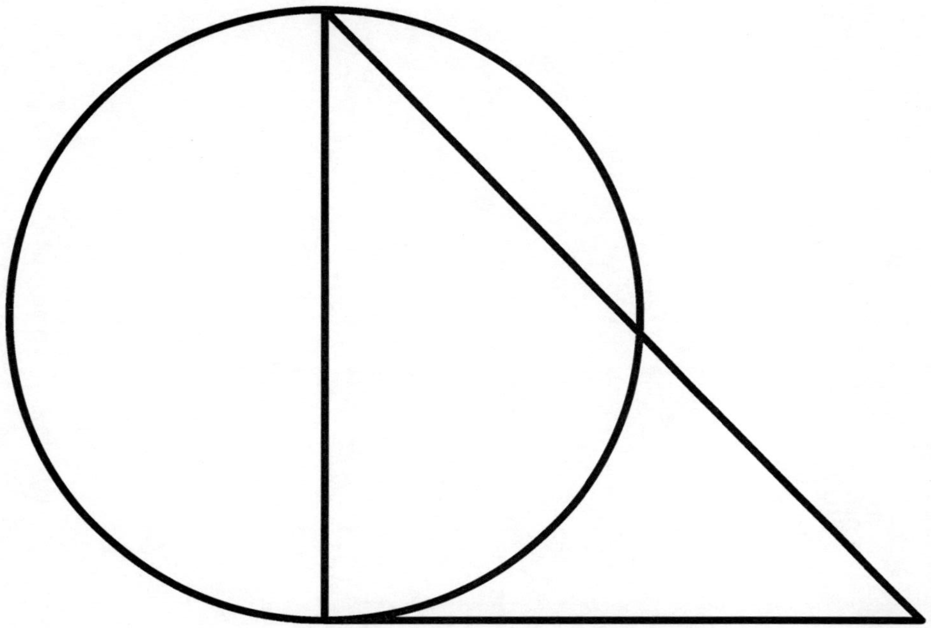

問題32－3

【女子】

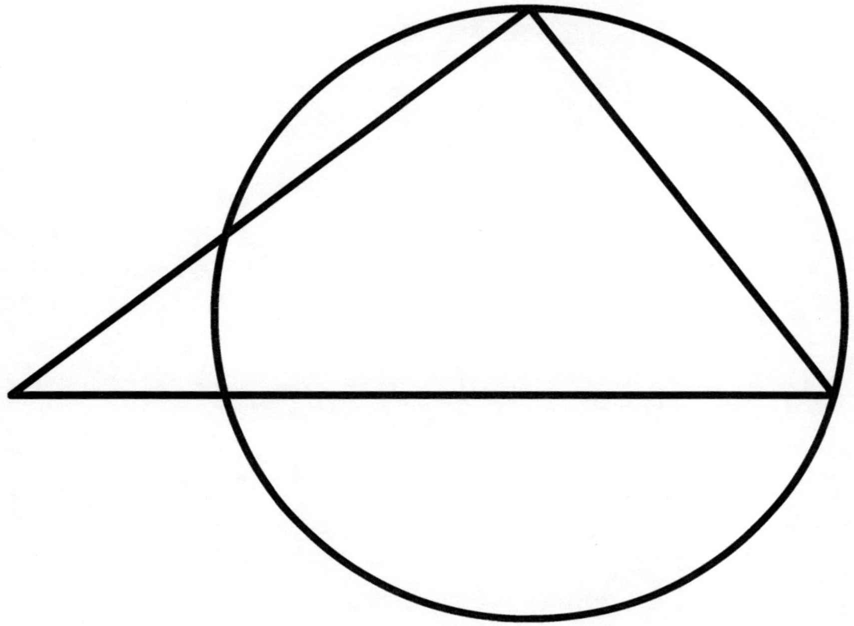

問題３３

①

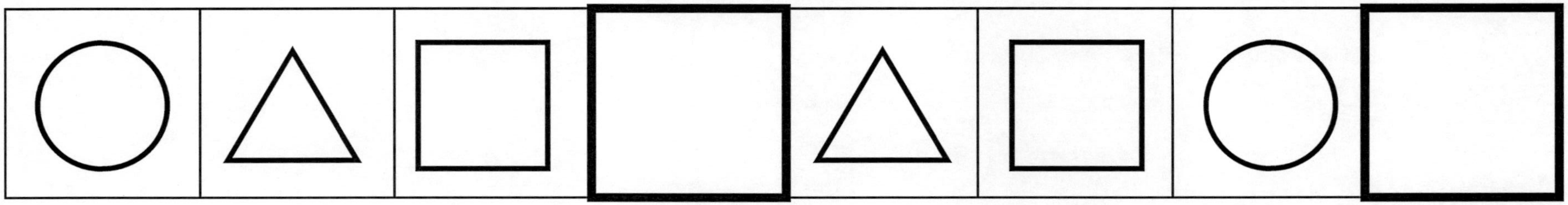

②

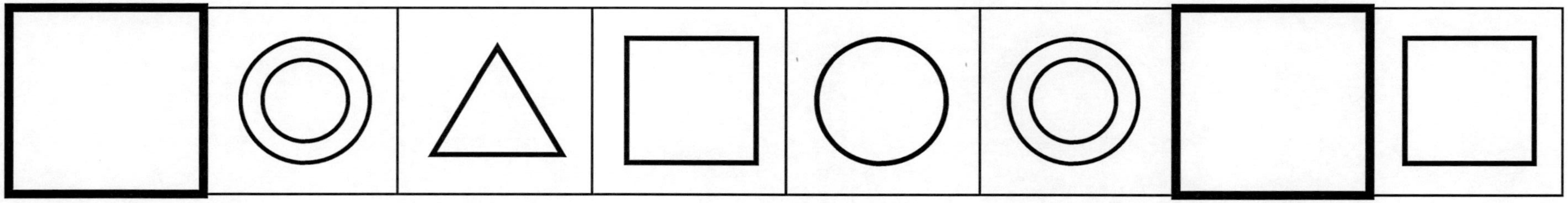

日本学習図書株式会社

☆なぎさ公園小学校

問題３４

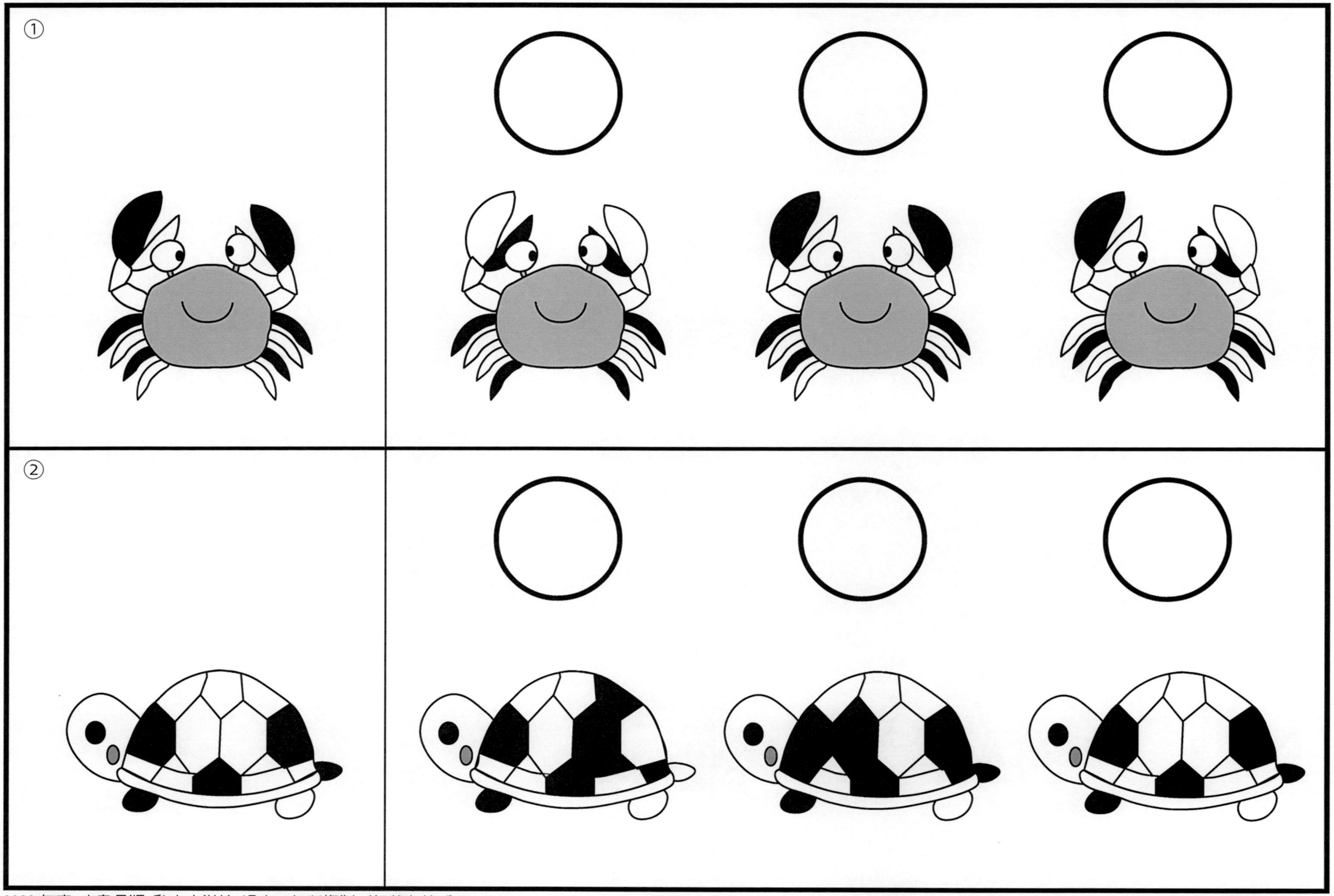

問題３６

☆なぎさ公園小学校

問題３７

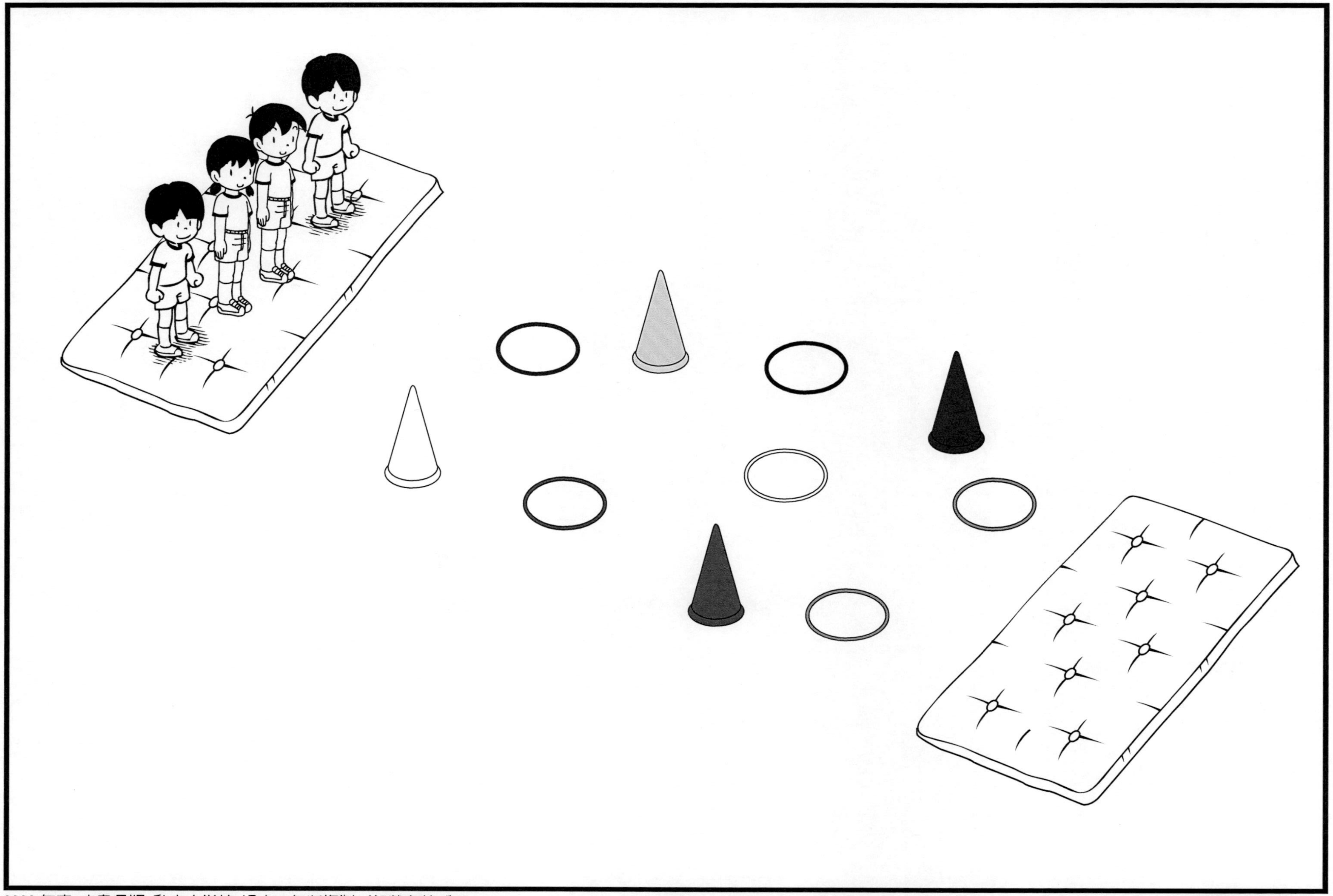

☆なぎさ公園小学校

問題38

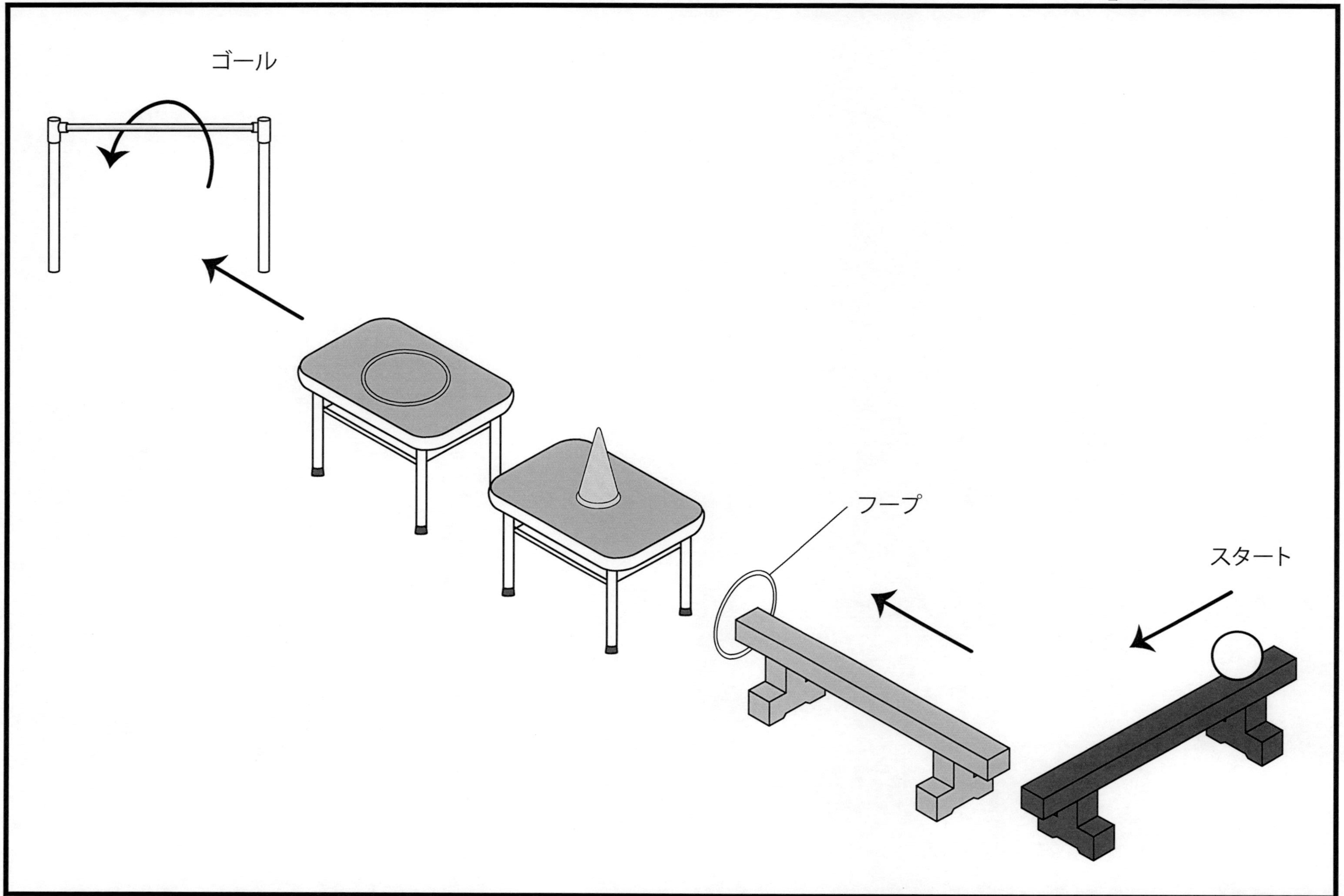

分野別 小学入試練習帳 ジュニアウォッチャー

1．点・線図形	小学校入試で出題頻度の高い『点・線図形』の模写を、難易度の低いものから段階別に幅広く練習することができるように構成。
2．座標	図形の位置模写という作業を、難易度の低いものから段階別に練習できるように構成。
3．パズル	様々なパズルの問題を難易度の低いものから段階別に練習できるように構成。
4．同図形探し	小学校入試で出題頻度の高い、同図形選びの問題を繰り返し練習できるように構成。
5．回転・展開	図形などを回転、または展開したとき、形がどのように変化するかを学習し、理解を深められるように構成。
6．系列	数、図形などの様々な系列問題を、難易度の低いものから段階別に練習できるように構成。
7．迷路	迷路の問題を繰り返し練習できるように構成。
8．対称	対称に関する問題を４つのテーマに分類し、各テーマごとに問題を段階別に練習できるように構成。
9．合成	図形の合成に関する問題を、難易度の低いものから段階別に練習できるように構成。
10．四方からの観察	もの（立体）を様々な角度から見て、どのように見えるかを推理する問題を段階別に整理し、１つの形式で複数の問題を練習できるように構成。
11．いろいろな仲間	ものや動物、植物の共通点を見つけ、分類していく問題を中心に構成。
12．日常生活	日常生活における様々な問題を６つのテーマに分類し、各テーマごとに一つの問題形式で複数の問題を練習できるように構成。
13．時間の流れ	『時間』に着目し、様々なものごとは、時間が経過するとどのように変化するのかということを学習し、理解できるように構成。
14．数える	様々なものを『数える』ことから、数の多少の判定やかけ算、わり算の基礎までを練習できるように構成。
15．比較	比較に関する問題を５つのテーマ（数、高さ、長さ、量、重さ）に分類し、各テーマごとに問題を段階別に練習できるように構成。
16．積み木	数える対象を積み木に限定した問題集。
17．言葉の音遊び	言葉の音に関する問題を５つのテーマに分類し、各テーマごとに問題を段階別に練習できるように構成。
18．いろいろな言葉	表現力をより豊かにするいろいろな言葉として、擬態語や擬声語、同音異義語、反意語、数詞を取り上げた問題集。
19．お話の記憶	お話を聴いてその内容を記憶、理解し、設問に答える形式の問題集。
20．見る記憶・聴く記憶	「見て憶える」「聴いて憶える」という『記憶』分野に特化した問題集。
21．お話作り	いくつかの絵を元にしてお話を作る練習をして、想像力を養うことができるように構成。
22．想像画	描かれてある形や景色に好きな絵を描くことにより、想像力を養うことができるように構成。
23．切る・貼る・塗る	小学校入試で出題頻度の高い、はさみやのりなどを用いた巧緻性の問題を繰り返し練習できるように構成。
24・絵画	小学校入試で出題頻度の高い、お絵かきやぬり絵などクレヨンやクーピーペンを用いた巧緻性の問題を繰り返し練習できるように構成。
25．生活巧緻性	小学校入試で出題頻度の高い日常生活の様々な場面における巧緻性の問題集。
26．文字・数字	ひらがなの清音、濁音、拗音、拗長音、促音と１～20までの数字に焦点を絞り、練習できるように構成。
27．理科	小学校入試で出題頻度が高くなりつつある理科の問題を集めた問題集。
28．運動	出題頻度の高い運動問題を種目別に分けて構成。
29．行動観察	項目ごとに問題提起をし、「このような時はどうか、あるいはどう対処するのか」の観点から問いかける形式の問題集。
30．生活習慣	学校から家庭に提起された問題と思って、一問一問絵を見ながら話し合い、考える形式の問題集。

31．推理思考	数、量、言語、常識（含理科、一般）など、諸々のジャンルから問題を構成し、近年の小学校入試問題傾向に沿って構成。
32．ブラックボックス	箱や筒の中を通ると、どのようなお約束でどのように変化するかを推理・思考する問題集。
33．シーソー	重さの違うものをシーソーに乗せた時どちらに傾くのか、またどうすればシーソーは釣り合うのかを思考する基礎的な問題集。
34．季節	様々な行事や植物などを季節別に分類できるように知識をつける問題集。
35．重ね図形	小学校入試で頻繁に出題されている「図形を重ね合わせてできる形」についての問題を集めました。
36．同数発見	様々な物を数え「同じ数」を発見し、数の多少の判断や数の認識の基礎を学べるように構成した問題集。
37．選んで数える	数の学習の基本となる、いろいろなものの数を正しく数える学習を行う問題集。
38．たし算・ひき算１	数字を使わず、たし算とひき算の基礎を身につけるための問題集。
39．たし算・ひき算２	数字を使わず、たし算とひき算の基礎を身につけるための問題集。
40．数を分ける	数を等しく分ける問題です。等しく分けたときに余りが出るものもあります。
41．数の構成	ある数がどのような数で構成されているか学んでいきます。
42．一対多の対応	一対一の対応から、一対多の対応まで、かけ算の考え方の基礎学習を行います。
43．数のやりとり	あげたり、もらったり、数の変化をしっかりと学びます。
44．見えない数	指定された条件から数を導き出します。
45．図形分割	図形の分割に関する問題集。パズルや合成の分野にも通じる様々な問題を集めました。
46．回転図形	「回転図形」に関する問題集。やさしい問題から始め、いくつかの代表的なパターンから、段階を踏んで学習できるよう編集されています。
47．座標の移動	「マス目の指示通りに移動する問題」と「指示された数だけ移動する問題」を収録。
48．鏡図形	鏡で左右反転させた時の見え方を考えます。平面図形から立体図形、文字、絵まで。
49．しりとり	すべての学習の基礎となる「言葉」を学ぶこと、特に「語彙」を増やすことに重点をおき、さまざまなタイプの「しりとり」問題を集めました。
50．観覧車	観覧車やメリーゴーラウンドなどを舞台にした「回転系列」の問題集。「推理思考」分野の問題ですが、要素として「図形」や「数量」も含みます。
51．運筆①	鉛筆の持ち方を学び、点線なぞり、お手本を見ながらの模写で、線を引く練習をします。
52．運筆②	運筆①からさらに発展し、「欠所補完」や「迷路」などを楽しみながら、より複雑な鉛筆運びを習得することを目指します。
53．四方からの観察 積み木編	積み木を使用した「四方からの観察」に関する問題を練習できるように構成。
54．図形の構成	見本の図形がどのような部分によって形づくられているかを考えます。
55．理科②	理科的知識に関する問題を集中して練習する「常識」分野の問題集。
56．マナーとルール	道路や駅、公共の場でのマナー、安全や衛生に関する常識を学べるように構成。
57．置き換え	さまざまな具体的・抽象的事象を記号で表す「置き換え」の問題を扱います。
58．比較②	長さ・高さ・体積・数などを数学的な知識を使わず、論理的に推測する「比較」の問題を練習できるように構成。
59．欠所補完	線と線のつながり、欠けた絵に当てはまるものなどを求める「欠所補完」に取り組める問題集です。
60．言葉の音（おん）	しりとり、決まった順番の音をつなげるなど、「言葉の音」に関する問題に取り組める練習問題集です。

◆◆ニチガクのおすすめ問題集◆◆

より充実した家庭学習を目指し、ニチガクではさまざまな問題集をとりそろえております!!

ジュニアウォッチャー（既刊60巻）

①～⑥⓪（以下続刊）
本体各￥1,500＋税

入試出題頻度の高い9分野を、さらに60の項目に細分化した問題集が出来ました。
苦手分野におけるつまずきを効率よく克服するための60冊となっており、小学校受験における基礎学習にぴったりの問題集です。ポイントが絞られているため、無駄なく学習を進められる、まさに小学校受験問題集の入門編です。

国立・私立NEWウォッチャーズ

言語／理科／図形／記憶
常識／数量／推理
各2巻・全14巻
本体各￥2,000＋税

シリーズ累計発行部数40万部以上を誇る大ベストセラー「ウォッチャーズシリーズ」の趣旨を引き継ぐ新シリーズができました！
こちらは国立・私立それぞれの出題傾向に合わせた分野別問題集です。全問「解答のポイント」「ミシン目」付き、切り離し可能なプリント学習タイプで家庭学習におすすめです！

まいにちウォッチャーズ（全16巻）

導入編／練習編
実践編／応用編　各4巻
本体各￥2,000＋税

シリーズ累計発行部数40万部以上を誇る大ベストセラー「ウォッチャーズシリーズ」の趣旨を引き継ぐ新シリーズができました！
こちらは、お子さまの学習進度に合わせ、全分野を網羅できる総合問題集です。全問「解答のポイント」「ミシン目」付き、切り離し可能なプリント学習タイプで家庭学習におすすめです！

実践 ゆびさきトレーニング①・②・③

①・②・③　全3巻
本体　各￥2,500＋税

制作問題に特化した問題集ができました。
有名校が実際に出題した問題を分析し、類題を各35問ずつ掲載しています。様々な道具の扱い方（はさみ・のり・セロハンテープの使い方）から、手先・指先の訓練（ちぎる・貼る・塗る・切る・結ぶ）、表現することの楽しさも学習することができる問題集です。

お話の記憶問題集

初級編
本体￥2,600＋税
中級編／上級編
本体各￥2,000＋税

「お話の記憶」分野の問題集ができました。
あらゆる学習に不可欠な、語彙力・集中力・記憶力・理解力・想像力を養うと言われているのが「お話の記憶」という分野です。難易度別に収録されていますので、まずは初級編、慣れてきたら中級編・上級編と学習を進められます。

分野別 苦手克服シリーズ（全6巻）

図形／数量／言語
常識／記憶／推理
本体各￥2,000＋税

お子さまの苦手を克服する問題集ができました。
アンケートに基づき、多くのお子さまが苦手とする数量・図形・言語・常識・記憶の6分野を、それぞれ問題集にまとめました。全問アドバイス付きですので、ご家庭において、そのつまづきを解消するためのプロセスも理解できます。

運動テスト・ノンペーパーテスト問題集

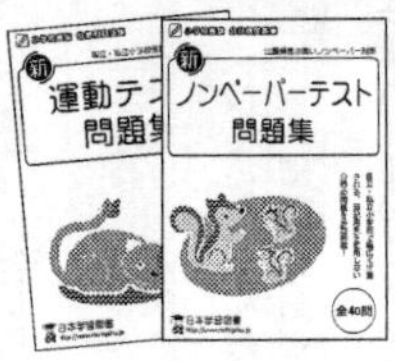

新 運動テスト問題集
本体￥2,200＋税

新 ノンペーパーテスト問題集
本体￥2,600＋税

ノンペーパーテストは国立・私立小学校で幅広く出題される、筆記用具を使用しない分野の問題を全40問掲載しています。
運動テスト問題集は運動分野に特化した問題集です。指示の理解や、ルールを守る訓練など、ポイントを押さえた学習に最適。全35問掲載。

口頭試問・面接テスト問題集

新 口頭試問・個別テスト問題集
本体￥2,500＋税

面接テスト問題集
本体￥2,000＋税

口頭試問は主に個別テストとして口頭で出題解答を行うテスト形式、面接は主に「考え」やふだんの「あり方」をたずねられるものです。
口頭で答える点は同じですが、内容は大きく異なります。想定する質問内容や答え方の幅を広げるために、どちらも手にとっていただきたい問題集です。

小学校受験 厳選難問集 ①・②

①・②・③　全3巻
本体各￥2,600＋税

実際に出題された入試問題の中から、難易度の高い問題をピックアップし、アレンジした問題集です。応用問題への挑戦は、基礎の理解度を測るだけでなく、お子さまの達成感・知的好奇心を触発します。
①は数量・図形・推理・言語、②は位置・常識・比較・記憶分野を掲載しています。各40問。

国立小学校　入試問題総集編

A・B・C（全3巻）
本体各￥3,282＋税

国立小学校頻出の問題を厳選して収録した問題集です。細かな指導方法やアドバイスが掲載してあり、効率的な学習が進められます。
難易度別の収録となっており、お子さまの学習進度に合わせて利用できます。付録のレーダーチャートにより得意・不得意を認識でき、国立小学校受験対策に最適な総合問題集です。

おうちでチャレンジ ①・②

①・②　全2巻
本体　各￥1,800＋税

関西最大級の模擬試験『小学校受験標準テスト』ペーパー問題を編集した、実力養成に最適な問題集です。延べ受験者数10,000人以上のデータを分析し、お子さまの習熟度・到達度を一目で判別できるようになっています。
保護者必読の特別アドバイス収録！学習習熟度を測るためにも、定期的に活用したい一冊です。

Q＆Aシリーズ

『小学校受験で知っておくべき125のこと』
『新 小学校受験の入試面接Q＆A』
『新 小学校受験 願書・アンケート文例集500』

本体各￥2,600＋税

「知りたい！」「聞きたい！」
「こんな時どうすれば…？」
そんな疑問や悩みにお答えする、当社で人気の保護者向け書籍です。受験を考え始めた保護者の方や、実際に入試の出願・面接などを控えている直前の保護者の方など、さまざまな場面で参考にしていただける書籍となっています。

書籍についてのご注文・お問い合わせ
☎ 03-5261-8951

http://www.nichigaku.jp
※ご注文方法、書籍についての詳細は、Webサイトをご覧ください。

日本学習図書　検索

図書カード 1000 円分プレゼント

ご記入日　　年　月　日

☆国・私立小学校受験アンケート☆

※可能な範囲でご記入下さい。選択肢は○で囲んで下さい。

〈小学校名〉＿＿＿＿＿＿＿＿＿＿　〈お子さまの性別〉男・女　〈誕生月〉＿＿月

〈その他の受験校〉（複数回答可）＿＿＿＿＿＿＿＿＿＿

〈受験日〉①：＿＿月＿＿日〈時間〉＿＿時＿＿分　～　＿＿時＿＿分

②：＿＿月＿＿日〈時間〉＿＿時＿＿分　～　＿＿時＿＿分

〈受験者数〉男女計＿＿名（男子＿＿名　女子＿＿名）

〈お子さまの服装〉＿＿＿＿＿＿＿＿＿＿

〈入試全体の流れ〉（記入例）準備体操→行動観察→ペーパーテスト

＿＿＿＿＿＿＿＿＿＿

Eメールによる情報提供

日本学習図書では、Eメールでも入試情報を募集しております。

下記のアドレスに、アンケートの内容をご入力の上、メールをお送り下さい。

ojuken@nichigaku.jp

●行動観察　（例）好きなおもちゃで遊ぶ・グループで協力するゲームなど

〈実施日〉＿＿月＿＿日〈時間〉＿＿時＿＿分　～　＿＿時＿＿分〈着替え〉□有　□無

〈出題方法〉□肉声　□録音　□その他（　　　　）〈お手本〉□有　□無

〈試験形態〉□個別　□集団（　　人程度）

〈会場図〉

〈内容〉

□自由遊び

＿＿＿＿＿＿＿＿＿＿

□グループ活動

＿＿＿＿＿＿＿＿＿＿

□その他

＿＿＿＿＿＿＿＿＿＿

●運動テスト（有・無）　（例）跳び箱・チームでの競争など

〈実施日〉＿＿月＿＿日〈時間〉＿＿時＿＿分　～　＿＿時＿＿分〈着替え〉□有　□無

〈出題方法〉□肉声　□録音　□その他（　　　　）〈お手本〉□有　□無

〈試験形態〉□個別　□集団（　　人程度）

〈会場図〉

〈内容〉

□サーキット運動

□走り　□跳び箱　□平均台　□ゴム跳び

□マット運動　□ボール運動　□なわ跳び

□クマ歩き

□グループ活動＿＿＿＿＿＿＿＿＿＿

□その他＿＿＿＿＿＿＿＿＿＿

●知能テスト・口頭試問

〈実施日〉＿＿月＿＿日〈時間〉＿＿時＿＿分 ～ ＿＿時＿＿分〈お手本〉□有 □無

〈出題方法〉 □肉声 □録音 □その他（　　　　　）〈問題数〉＿＿枚 ＿＿問

分野	方法	内　容	詳 細・イ ラ ス ト
（例） お話の記憶	☑筆記 □口頭	動物たちが待ち合わせをする話	（あらすじ） 動物たちが待ち合わせをした。最初にウサギさんが来た。次にイヌくんが、その次にネコさんが来た。最後にタヌキくんが来た。 （問題・イラスト） ３番目に来た動物は誰か 
お話の記憶	□筆記 □口頭		（あらすじ） （問題・イラスト）
図形	□筆記 □口頭		
言語	□筆記 □口頭		
常識	□筆記 □口頭		
数量	□筆記 □口頭		
推理	□筆記 □口頭		
その他	□筆記 □口頭		

●制作　（例）ぬり絵・お絵かき・工作遊びなど

〈実施日〉＿＿月＿＿日〈時間〉＿＿時＿＿分＿＿～＿＿時＿＿分

〈出題方法〉□肉声　□録音　□その他（　　　　　　　）〈お手本〉□有　□無

〈試験形態〉□個別　□集団（　　　　人程度）

材料・道具	制作内容
□ハサミ □のり（□つぼ　□液体　□スティック） □セロハンテープ □鉛筆　□クレヨン（　色） □クーピーペン（　色） □サインペン（　色）□ □画用紙（□ A4　□ B4　□ A3 □その他：　　　　　） □折り紙　□新聞紙　□粘土 □その他（　　　　　　　　　）	□切る　□貼る　□塗る　□ちぎる　□結ぶ　□描く　□その他（　　　　　　　　　） タイトル：＿＿＿＿＿＿＿＿＿＿＿＿＿＿＿

●面接

〈実施日〉＿＿月＿＿日〈時間〉＿＿時＿＿分＿＿～＿＿時＿＿分〈面接担当者〉＿＿＿名

〈試験形態〉□志願者のみ（　　）名　□保護者のみ　□親子同時　□親子別々

〈質問内容〉

□志望動機　□お子さまの様子

□家庭の教育方針

□志望校についての知識・理解

□その他（　　　　　　　　　　　）

（　詳　細　）

・

・

・

・

※試験会場の様子をご記入下さい。

●保護者作文・アンケートの提出（有・無）

〈提出日〉□面接直前　□出願時　□志願者考査中　□その他（　　　　　　　　　）

〈下書き〉□有　□無

〈アンケート内容〉

（記入例）当校を志望した理由はなんですか（150 字）

●説明会（□有　□無）〈開催日〉　　月　　日〈時間〉　時　　分　～　　時　　分

〈上履き〉　□要　□不要　〈願書配布〉　□有　□無　〈校舎見学〉　□有　□無

〈ご感想〉

●参加された学校行事（複数回答可）

公開授業〈開催日〉　　月　　日〈時間〉　時　　分　～　　時　　分

運動会など〈開催日〉　　月　　日〈時間〉　時　　分　～　　時　　分

学習発表会・音楽会など〈開催日〉　　月　　日〈時間〉　時　　分　～　　時　　分

〈ご感想〉

※是非参加したほうがよいと感じた行事について

●受験を終えてのご感想、今後受験される方へのアドバイス

※対策学習（重点的に学習しておいた方がよい分野）、当日準備しておいたほうがよい物など

＊＊＊＊＊＊＊＊＊＊＊＊＊　ご記入ありがとうございました　＊＊＊＊＊＊＊＊＊＊＊＊＊

必要事項をご記入の上、ポストにご投函ください。

なお、本アンケートの送付期限は入試終了後３ヶ月とさせていただきます。また、入試に関する情報の記入量が当社の基準に満たない場合、謝礼の送付ができないことがございます。あらかじめご了承ください。

ご住所：〒

お名前：　　　　　　　　　　メール：

ＴＥＬ：　　　　　　　　　　ＦＡＸ：

ご記入頂いた個人に関する情報は、当社にて厳重に管理致します。弊社の個人情報取り扱いに関する詳細は、www.nichigaku.jp/policy.php の「個人情報の取り扱い」をご覧下さい。

なぎさ公園小学校　専用注文書

年　月　日

合格のための問題集ベスト・セレクション

＊入試頻出分野ベスト３

1st 行動観察：公　衆／聞く力

2nd 口頭試問：話す力／聞く力

3rd 推　理：思考力／観察力

適性検査Ａと呼ばれる口頭試問と適性検査Ｂと呼ばれる集団での行動観察が行われます。ペーパーテストは口頭試問の中で行われています。慣れていないとふだんの力が発揮できなくなってしまうので注意しておきましょう。

分野	書　名	価格(税込)	注文	分野	書　名	価格(税込)	注文
図形	Ｊr・ウォッチャー4「同図形探し」	1,650円	冊		1話5分の読み聞かせお話集①・②	1,980円	各　冊
推理	Ｊr・ウォッチャー6「系列」	1,650円	冊		お話の記憶 初級編	2,860円	冊
記憶	Ｊr・ウォッチャー19「お話の記憶」	1,650円	冊		実践 ゆびさきトレーニング①・②・③	2,750円	各　冊
創造	Ｊr・ウォッチャー21「お話作り」	1,650円	冊		新 運動テスト問題集	2,420円	冊
巧緻性	Ｊr・ウォッチャー23「切る・貼る・塗る」	1,650円	冊		新 口頭試問・個別テスト問題集	2,750円	冊
巧緻性	Ｊr・ウォッチャー25「生活巧緻性」	1,650円	冊		新 ノンペーパーテスト問題集	2,860円	冊
運動	Ｊr・ウォッチャー28「運動」	1,650円	冊		新 小学校受験の入試面接Ｑ＆Ａ	2,860円	冊
観察	Ｊr・ウォッチャー29「行動観察」	1,650円	冊		家庭で行う面接テスト問題集	2,200円	冊
推理	Ｊr・ウォッチャー33「シーソー」	1,650円	冊		保護者のための面接最強マニュアル	2,200円	冊
図形	Ｊr・ウォッチャー46「回転図形」	1,650円	冊				
巧緻性	Ｊr・ウォッチャー51「運筆①」	1,650円	冊				
巧緻性	Ｊr・ウォッチャー52「運筆②」	1,650円	冊				

合計	冊	円

(フリガナ) 氏　名	電　話 ＦＡＸ E-mail
住　所　〒　　－	以前にご注文されたことはございますか。 有　・　無

★お近くの書店、または記載の電話・FAX・ホームページにてご注文をお受けしております。
電話：03-5261-8951　FAX：03-5261-8953　代金は書籍合計金額＋送料がかかります。
※なお、落丁・乱丁以外の理由による商品の返品・交換には応じかねます。

★ご記入頂いた個人に関する情報は、当社にて厳重に管理致します。なお、ご購入の商品発送の他に、当社発行の書籍案内、書籍に関する調査に使用させて頂く場合がございますので、予めご了承ください。

日本学習図書株式会社
http://www.nichigaku.jp

家庭学習をトータルサポート！ ニチガクのオリジナル 効果的 学習法

1 まずは アドバイスページを読む！

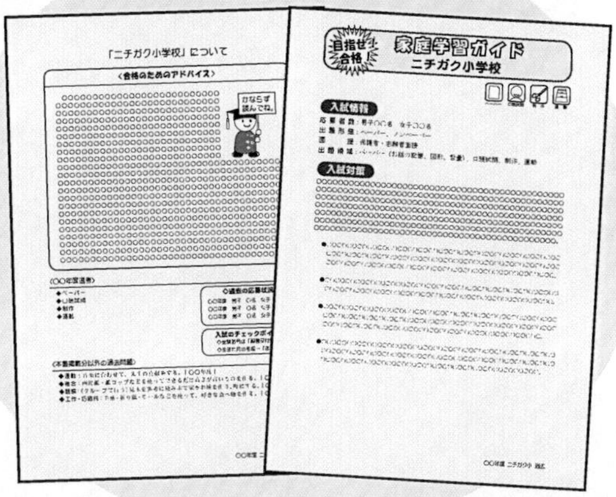

ピンク色です

対策や試験ポイントがぎっしりつまった「家庭学習ガイド」。しっかり読んで、試験の傾向をおさえよう！

2 問題をすべて読み、出題傾向を把握する

3 「学習のポイント」で学校側の観点や問題の解説を熟読

4 はじめて過去問題にチャレンジ！

5 プラスα 対策問題集や類題で力を付ける

過去問のこだわり

最新問題は問題ページ、イラストページ、解答・解説ページが独立しており、お子さまにすぐに取り掛かっていただける作りになっています。
ニチガクの学校別問題集ならではの、学習法を含めたアドバイスを利用して効率のよい家庭学習を進めてください。

各問題のジャンル

問題7 分野：図形（図形の構成） Aグループ男子

〈解答〉 下図参照

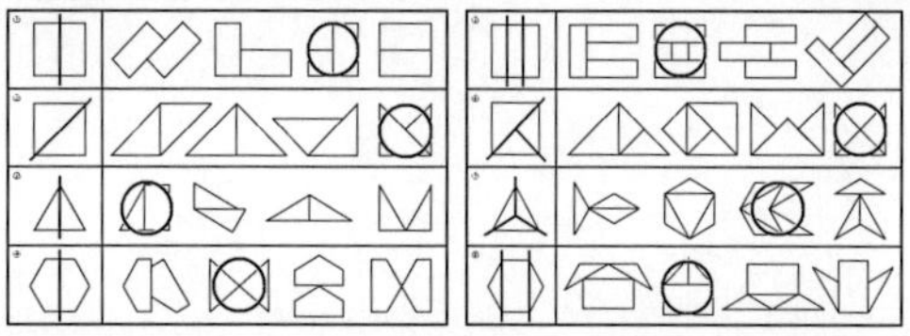

図形の構成の問題です。解答時間が圧倒的に短いので、直感的に答えないと全問答えることはできないでしょう。例年ほど難しい問題ではないので、ある程度準備をしたお子さまなら可能のはずです。注意すべきなのはケアレスミスで、「できないものはどれですか」と聞かれているのに、できるものに○をしたりしてはおしまいです。こういった問題では基礎とも言える問題なので、もしわからなかった場合は基礎問題を分野別の問題集などでおさらいしておきましょう。

【おすすめ問題集】
★ニチガク小学校図形攻略問題集①②★（書店では販売しておりません）
Ｊｒ・ウォッチャー９「合成」、54「図形の構成」

学習のポイント

各問題の解説や学校の観点、指導のポイントなどを教えます。
今日から保護者の方が家庭学習の先生に！

おすすめ対策問題集

分野ごとに対策問題集をご紹介。苦手分野の克服に最適です！
＊専用注文書付き。

2022年度版 広島県版 私立小学校 過去問題集

発行日 2021年6月14日
発行所 〒162-0821 東京都新宿区津久戸町3-11-9F
日本学習図書株式会社
電 話 03-5261-8951 ㈹

ISBN978-4-7761-5395-5

C6037 ¥2500E

定価 2,750円
（本体 2,500円＋税 10%）

9784776153955

1926037025009

詳細は http://www.nichigaku.jp 日本学習図書 検索